U0500656

阅读即行动

CE SEXE QUI N'EN EST PAS UN

此性
非一

[法] LUCE IRIGARAY
露西·伊利格瑞 　著　　张贝 译

北京联合出版公司
Beijing United Publishing Co.,Ltd.

图书在版编目（CIP）数据

此性非一 / （法）露西·伊利格瑞著；张贝译.

北京：北京联合出版公司，2025.6(2025.6重印). — ISBN
978 - 7 - 5596 - 8328 - 1

Ⅰ. C913.68

中国国家版本馆 CIP 数据核字第 2025MM9038 号

....

CE SEXE QUI N'EN EST PAS UN by Luce Irigaray
© Les EDITIONS DE MINUIT 1977
Current Chinese translation rights arranged through Divas International, Paris
(www.divas-books.com)
Simplified Chinese translation edition copyright © 2025 by Neo-Cogito Culture Exchange Beijing, Ltd.

北京市版权局著作权合同登记　图字：01-2024-6549

此性非一

作　　者：[法]露西·伊利格瑞
译　　者：张　贝
出 品 人：赵红仕
出版统筹：杨全强　杨芳州
责任编辑：孙志文
特约编辑：金子淇
装帧设计：SOBERswing

....

北京联合出版公司出版
（北京市西城区德外大街 83 号楼 9 层　100088）
北京联合天畅文化传播公司发行
北京启航东方印刷有限公司印刷　新华书店经销
字数 121 千字　889 毫米×1194 毫米　1/32　9.125 印张
2025 年 6 月第 1 版　2025 年 6 月第 2 次印刷
ISBN 978 - 7 - 5596 - 8328 - 1
定价：68.00 元

....

目录

镜，彼端①

> ……她又开口说道："最后，这件事真的发生了！那现在我是谁？我想要记起来，如果可以的话！我一定要记起来！"然而，如此坚决也还是无济于事。一番冥思苦想后，她只说出来了一句："L，我知道是从 L 开始的。"②
>
> （《爱丽丝镜中奇遇记》）

爱丽丝有一双蓝眼睛。通红。她在穿过镜子时

---

① 原文发表于《批评》1973 年 2 月，第 309 期。（«Le miroir, de l'autre côté», in *Critique*，février 1973，n° 309）(本文是基于米歇尔·苏特的电影《测量员们》写成的，电影简要剧情请见第 21 页注①。——译者注)

② 《爱丽丝镜中奇遇记》(*De l'autre côté du miroir*)的主人公爱丽丝的全名是爱丽丝·利德尔(Alice Liddell)，所以这里说"是从 L 开始的"。——译者注

睁开了双眼。除此之外,她似乎没有受到其他暴力伤害。一个人生活,住在自己的房子里。她妈妈说爱丽丝更喜欢这样。若不是为了履行主人之职,她才不肯走出家门。这里指的当然是学校里的主人。在学校里,大家成天写些一成不变的东西。黑底白字、白底黑字,具体取决于是在黑板上,还是在本子上。总之,颜色不变。只有在一个人的时候,她才会换换颜色。在成像屏的背后。或在房子里,或在花园中。

然而,就在故事正要开始、重新开始的时候,"秋天到了"。此时此刻,万事万物还尚未完全冰封、死亡。要想发生些什么,就应该抓住此刻。但是一切都被遗忘了:那些"测量工具"、那件"大衣"、那个"箱子",尤其是那副"眼镜"。"没了它可怎么活啊?"直到现在,划定地界、区分内外、对比看得清的和看不清的,都要靠它完成;衡量、确定以及在必要时顺应万物的价值,也都要靠它实现。

这样,一切都丢失了,没有了往常的标志。是兄弟和不是兄弟的区别何在?处女和荡妇的区别何在?妻子和心爱之人的区别何在?梦寐以求的女人和一起做爱的女人?一个女人和另一个女人?房子的女主人和待在这房子里的、跟来这儿找乐子的人寻欢作乐的女人?爱,已经发生,将要发生,在哪个房间?和哪个女人?还有,何时去爱?何时去工作?如何分辨?"测量"是否与欲望有关?快感能否被测量成线、成圈、成三角?并且,"秋天到了",颜色变了。变成红色。即便持续不了太久。

显然,爱丽丝应该抓住这一刻。此时此刻,她,她本人,该登场了。睁着那双被暴力摧残过的双眼。通红的蓝眸。这双眼睛知道正面、反面和背面,畸变产生的朦胧,丧失身份后的一片黑白。这双眼睛总能预知表象的变形;某一个人会变成另一个,其实早就变成了另一个。可是爱丽丝还在学校。但她会回来喝下午茶的。她总是一个人喝下午茶。至少,她妈妈是这么说的。这可是唯一一个或许知道爱丽丝是谁的人。

四点整,一分不差,测量员进了她家。一名测量员要找个借口才能进别人家里,更何况还是一位女士的家。所以,他带了一篮蔬菜。是替吕西安(Lucien)带的。他顶着另一个人的姓名、衣物和爱意,进了

"她"家。但在当时，这似乎并没有困扰到他。他打开门，她在打电话，打给她的未婚夫。他又一次介入了他们两个人之间。今天四点，他介入了拉近这一女一男的东西：破裂。吕西安和爱丽丝之间的关系可以说是：还没开始。或者永远不会开始。过去和未来像是充满了偶然。"或许，这就是爱情？"他还横亘于其他一些"两者间"（entre-deux），妈妈-爱丽丝、吕西安-格拉迪斯（Gladys）、爱丽丝-她的朋友（"她已经有一个朋友了，这对她来说足够了"）、大-小（两名测量员）。就只说这些提到过的吧。

他的介入成功了吗？或者，他开始隐约猜到她不单纯是她了吗？他找起火来。其实是为了掩饰内心的混乱，想要掌控这份暧昧，借着抽烟来转移视线。但她并没有看到打火机，其实打火机就在眼前，可她在第一个房间里喊他，说这里应该有能打火的东西。她对房子的熟悉打消了他的疑虑。他上楼。她提议让他享用她，正如他所愿。他们在花园里分别。一个人把"她的"眼镜落在了电话下，另一个人把"他的"帽子落在了床上。"火"则被移到了别处。

他回到了工作的地方。她，消失在了自然中。今天是周六还是周日？这个时间是该去测量还是该去爱？他犹豫不决，他只有一个办法：去找"警察"的麻烦。急不可待，他立刻就出发了。

先顾不上警察了，至少现在是顾不上了。他又回到（他们又相遇在）了花园附近。一个爱而不得的男人，和一个与住在那个房子里的女人相爱的男人。前者问后者，或者说是后者问前者：他还能（再）见到他心爱的女人吗？他开始害怕，并祈求他人的许可……后来。

吕西安失去了理智，他个人的或者公共意义上的，总之是一种与所有权有关的理智。他把东西拿出来，送出去，没有计较。帽子、蔬菜、许可。他的？别人的？他的妻子？别人的妻子？他是在舞会上拿回自己的东西的。但这并不妨碍他还是让其他人拿走了自己的东西。在别处。

所以他回（进）来了。到喝下午茶的时间了。她……她？她，（是）谁？她，（是）另一个人……找打火的东西。火在哪儿？在楼上，在房间里，测量员，大的那一个，友善地指了出来。令人高兴的是，最终，一个千真万确、毋庸置疑、经得起推敲的事实呈现了出来。通过 a+b 可以证明,通过 I+I——一个元素的自我重复,它既和自身相同,又在整体上造成偏移——可以得知,这是一个序列、一段延续。简而言之,一段故事。可以说这是真的。他真的去过那儿。他真的……? 她真的? 真? 假? 她。

因为这些蔬菜再也证明不了任何事了。"我该把它们吃掉。""我"是谁? 只剩下了"火"。但火出现在那里并不是为了做证明的。否则,发生过的一切将不留一丝痕迹。至于要证明火被人从这儿移到了那儿,要确定火现在在哪儿,要证明爱丽丝的房间是唯一一个有可能找到火的地方,这么多的要求,简直是"魔法"。

爱丽丝向来不喜欢神秘主义。但并不是因为那些难以置信之事会让她惊讶。她比任何人都要更加了解什么是虚构,什么是幻想,什么是让人无法相信的事……但她总是能感知到自己要说什么,她早已见证了所有奇观。她早已身处"仙境"①。她并非单纯靠想象,靠"直觉"。或许是靠心灵感应? 而且还是在

---

① 此处指《爱丽丝梦游仙境》(*Alice au pays des merveilles*)。——译者注

远处。穿过层层间隔！去镜之彼端,这就是另一回事了。

并且,这位先生的目光中并没有这样一种奇遇的痕迹。这事关细微差别。所以他必须以最快的速度离开这个房子。他不想？那她走,她逃离这个房子。外面是个绝佳的避难所。尤其是在这个季节,五彩缤纷。他也来到了花园。很近。再也没有独处的权利了吗？该去哪儿？如果房子和花园向所有到来者(tous-venants)都敞开大门的话。比如,向无所不知的测量员们。得赶快想出一个他们找不到的藏身之地。退避到一个能够躲开他们的测算、他们的目光和他们调查的地方。躲开他们的渗透。哪里呢？

吕西安懂得如何等待,即使要等很久。他在菜园边上无休止地耐心等着。他站在房子的地界外,拔菜。主要是牛皮菜,小女孩们是吃这个长大的。不知不觉中,她们被它带进婚姻。他极其用心地准备着遥远的将来。希望渺茫。他不光拔牛皮菜。或许,这才是他来这儿的原因。他来的时候两手空空,甚至不像大家那样走小路。他走的是草坪。总是有点失礼。

　　爱丽丝微笑。吕西安微笑。他们相互微笑,会心
一笑。他们玩。她把帽子当作礼物送给他。"格拉迪
斯会说什么?"说他接受了爱丽丝的礼物? 说她给了
他这顶帽子? 暗中飞来飞去的"蜻蜓"立马出卖了赠
予者的身份。一个让人高潮迭起的女人,一个让人第
一次高潮的女人,谁更值得感谢? 如果从其中一个到
另一个那里,那还怎么分辨她们? 又该如何知道自己
在(进行到)哪(个位置)? 吕西安混乱了,他很开心。
毕竟事实如此,毕竟每个人都放弃了单纯是"我自
己",打破了"我的""你的""他的"东西之间的藩篱。
他毫无保留。看起来什么都不在意,挥霍无度,但他
给自己留了一小块地。确切地说,一块藏身之地。一
处避难所,还是私人所有。以备所有人诸事不顺时使
用。他忧虑过重。"下雨了"。这笔最后的财产,完全
不是他自己的,他将与爱丽丝一同分享。抹去其私人
所有的特征。他带她去的是一个洞穴。被掩盖、隐
藏、爱惜的地方。有点阴暗。这是爱丽丝试图找到的
地方? 这是他寻找的地方,他? 并且,因为该地与世
隔绝,他们彼此低声耳语。只是为了欢笑,不是为了
说话。吕西安知道,帽子被遗落在了"床"上。这个特
别的事实激起了他的坚定。使他变得急促。他会,反

复地，搞砸自己的行动。轻轻地，低声细语，以私密的口吻，他没少把事实强加于人。

事实？为了他？为了另一个人？这是为了揭露可能的事实？爱丽丝僵住。封闭。冰凉。

既然要陈述每个人都有享乐①的权利。那就去律师那里吧。律师的咨询是在外面。在里面，"女人会偷听"，他说。

"我和一个女孩做爱了，在另一个女孩家里，我会怎样？""没事。"这超出了我们的想象。这一切都一文不值。无偿。甚至没有任何危险、处罚、债务、损失。还怎么在这么过分的地方继续测量？然而，故事需要继续。

我们继续："我睡了一个我不认识的女士，在另一个我不认识的女士的家里。我会怎样？""四年。""为什么？""私闯民宅，虐待。二加二等于四，$2 \times 2 = 4$，$2^2 = 4$。四年。""怎么减罪？""这取决于她们两个。一个，另一个。两个，一起。你应该先区分这两个非-统

_____

① 在精神分析语境下，jouissance 又被译为"原乐"。但伊利格瑞笔下的 jouissance 一词带有浓厚的性意味，强调"高潮"这层含义。——译者注

一体(non-unité)。然后再看她们的关系。""我已经确认了其中一个。那个与房子有关的人。""然后呢?""我无法提供其他特征。她不让我进入她的房产范围内。""这就麻烦了。那另一个呢? 流浪、漂泊的那一个流动的统一体?""她消失在了自然中。""那……""你能帮我把她找回来吗?""我太太会大发雷霆。我会身败名裂。""我会背着你,把你送去的。我来负责,我来当坏人。""那好吧。"

但是,在自然的哪里? 自然可大了。这儿? 那儿? 在某些地方必须停下。要是他突然脚沾了地,那他肯定会发现自己沾满了泥。这绝对不行。"我太太会说什么?"一位把脚弄脏了的律师,人们会怎么想? 是谁,在最后一刻,禁止脏污? 律师? 他的妻子? 为什么,要再一次把自己不认的账算到别人头上? 因为这会有点恶心。这是正直的人,自称正直的人,让人厌恶的一面。

测量员过来是为了让自己(重新)合法,但他被恶心到了。如果他要被判"四年",那律师的功劳就是"零"。他要从零开始,重新出发。

吕西安回到了格拉迪斯家。他叹气。还是这样。

太多的细节让他悲伤。迷失感。他在一扇玻璃窗后，一遍遍地回看情景的再现。这扇看不见的窗真实存在，把他的视线穿透。纠缠它，固定它。格拉迪斯关上房门。吕西安开口说话。最后。"那群混蛋，他们一起做爱了。""谁做爱了，吕西安？那个男人是谁？另一个人是谁？那个女人真的是你想要的那一个吗？是你渴望的那一个吗？"女士们被弄错了。处女和/或荡妇。不知不觉中，一个抹杀了另一个。错乱又变得合法。冰块①融化，早已破碎。在（进行到）哪里？一切都在旋转。跳舞。

那就来点音乐，来伴随，来引导，来点节奏。乐队将要开始演奏。当然了，是在别处。你已经开始注意到了：事情总是发生在另一个场景中。这些事情被展现得淋漓尽致，不再只是简简单单地确凿无疑。事情表现出可见度。事实在这里被挑起来，而其后续不断地被转移到那里。哪里？从现在转移到事后（性）②？从一个人转移到另一个人——谁？再反过来。重复，

---

① 这个词（glace）亦可指玻璃或镜子。——译者注
② 事后性（l'après-coup）指的是弗洛伊德意义上的事后性。——译者注

分饰两角的替身、一组组镜头、一个个画面、一句句台词，一个个"主题"。一个（女）人的计划通过另一个人来呈现。这些计划被他/她一一错开，因而得见天日。欲望因其给/对另一个人的印象而被彻底剥夺。模板，及其重复和再造所需的支持。同一个，和另一个。

当时（再次）响起的二重奏是爱丽丝的妈妈和她的未婚夫演奏的。说清楚些，乐器是大提琴。而第三者，三个第三者之一，第一次参与其中。爱丽丝。站在一边，在屋里的一个角落——第三个房间——她像是在倾听，或者观看。但她真的在那里吗？或者她至少是半神游状态。但她同样地在听和看着即将发生之事、已经发生之事。内和外。别想一劳永逸地定义这两者。差异总在变动之中。如果"她"在做梦，那"我"是否该出去？场景继续。有人消失了。另一个人就要补上这个消失的主体。只需要等待，这样刚刚好。

他再次打开房门。倾听、观看。但他主要是去介入。通过"走在中间"来破坏成对的事物。"一对对的房屋、人、情感"。这是为了将它们分离，也有可能是为了将它们再次结合。在他经过后，正面（endroit）会失去其反面（envers）。或者同样还有其背面（revers）。但是"没了它可怎么活啊？"只有一个面、一张脸、一个方向。只在一个平面上。总在镜子的同一端。这条分界线把每个人和与其相对的另一个人都分隔开。使他突然像是完全变了一个人。格外陌生。敌对、邪恶。冷冰冰地变了样。

"这还怎么活？""五年来，她对我都是冷酷无情！""那就一直这样阴沉地看他！"但欧仁模仿那只被人切断了尾巴的猫，让测量员去承担唯一一件工具的重量，她只允许这件工具进入家中，他有够残忍。如果她叹气，烦恼，哭泣，那你就能明白她不是一直都开心。不妨建议这个人离开，毕竟他在受苦。他会把自己的器械留在那里，以确保自己还会再来。告诉另一个人她不爱他，或者不再爱他，她会笑。即使她现在难过。然而，你曾在那里——或者只待了一会儿——但你有那双会观察的眼睛，你至少看到了一些情景。他们再也不会回到这里。他们再也不会重逢。他们还不如分开。不论如何，今天先这样。并且，他们从未在一起过。每个人都忍受着另一个人的另一个人。等待。

　　爱丽丝独自一人。和测量员,大的那个。他和占据了她家的那个女人做爱。甚至是在她的床上。现在,她知道了。同时他也明白了误会所在。"你后悔犯下这个错误吗?""不。""你想要我们解释清楚吗?""……?""你想怎样?""……?"如何在一次归类中区分她们两人?

　　如何区分我和她? 由于不断地从另一边穿过,总是被排除在外(outre),因为在他们投影屏幕的这一侧,在他们成像的平面上,我无法生存。所有这些图像、话语和幻想,让我动弹不得,浑身僵硬。把我冰封。把我冻僵的还有他们的赞美和称颂,他们所谓的"爱"。听他们都在谈论爱丽丝:我妈妈、欧仁、吕西安、格拉迪斯……你听到了,他们以对他们自己最有利的方式来评判我。所以我根本没有任何"自我"可言,要不然就是有许多个"自我",根据他们的需求或欲望,为他们所有,为他们所用。然而,眼前这个人并没有说他想要——从我身上——得到什么。我完全迷失了。实际上,我一直如此,但我并没有感觉到。我一心想要让自己满足他们的欲望。但大都是在神游。彼端。所以,关于我的身份我只能说:我随父亲姓泰勒弗(Taillefer)。我一直住在这座房子里。最初，是跟我的父母。父亲去世了。从此，我一个人在这里生活。我妈妈住在旁边。然后呢？……

"她后来做了什么？"她不是我。但我愿意为了您而变成"她"。经由她绕个圈，或许我最终能够发现"我"可以成为什么。

"她做了什么？""她去楼上找火。她叫了我。""你叫什么？""莱昂(Léon)……"于是我上楼，既然她当初是这么做的。我唯一没有照做的(故意为之？还是无心之失？)，就是我在另一个房间里喊了他的名字。第二个房间。他来了，但他想进的是第一个房间。他又搞错了吗？他从来没有搞错过吗？一个是"她"，另一个不是，这样才能产生误会。能否认出谁是"她"？或许，重要的是，这一场景重复上演。几乎一模一样。自此，"她"将独一无二，尽管衣服(涂层)不同。

"我现在应该做什么？""我不知道。"爱丽丝独自一人，在别处。经历各种奇遇。从这一端到另一端来来回回。在这一端，她只知道一些人工仿造的标记和一些人为设定的限制。某种程度上，像是在学校。幼儿园和市镇小学。但在那里，在他面前，她不觉得自己是老师。但他不知道。他脱掉了自己的外套，就像她当初做的那样。然后呢？……

"我要不要先脱上衣，再脱下衣？还是反过来。从外到内？还是相反？""……?"因为她总是那么神秘，隐藏起一切。在这个隐蔽之处，没有人能发现她。她以为就只需要把一切翻转过来，只需要让自己赤裸以对，让人们，让他，能够看她，触摸她，占有她。

"你喜欢我吗?"他知道答案吗？这是什么意思？如何确定快感从何而来？为什么要为了她放弃快感？而"她"是谁？是什么？这个"她"算不上一个主体，她求他赋予她一些属性，给她一些独一无二的特征。看来，测量对他在爱情上的帮助不大。至少，对他对她的爱帮助不大。如何如实地测量、定义投影屏幕背后发生的事？那些超越（他的）这些界限的事。界限仍然属于个人。或许，他能够享受在那里发生的事情，在那里出现或再次出现的人。在那个地点尚可以想象的时候，在它内部同样会是这样。但如何穿过这条地平线？无法确定瞄准点，那还如何瞄准镜之彼端？

爱丽丝，外面夜晚降临。什么都看不见。甚至走不了直线。无法长时间保持直立，在一片漆黑之中。失去平衡。没了把握。顶多是跟跄着走。"外面，有人摇摇晃晃，我去看看。"

故事到了结尾。翻来，又覆去。在一个不会被侵犯的封闭场地（enceinte），至少在故事进程中不会：一些私人房产构成的空间。四周无法穿过。顶点无法越过。这迫使我们预先找到另一种风格，另一种手法，为了以后。至少，需要两种体裁。或更多。然后将它们衔接，结合。但在何时？在何地？第二种，在这里，难道不就是第一种的反面吗？有时，更常见的是，作为对第一种的补充。或多或少还算恰当。或多或少还能连接。毕竟，如果只有一种，那就不存在问题。被分成两半的统一体。或多，或少。能够分辨，或不能分辨。还能够提供享乐。还有剩余。在后面。留给下一次。

已经来到了这片场地的边界，此地当前范围的边缘，然而，情况急转直下。事情的后续持续恶化。但结局是否是倒退，这还无法确定，每个人说不定都要退回到自己原本的位置上去。

天亮了，测量员，大的那个，觉得自己该进行一些测量。即使总算到了周末。他不敢一个人行动，他给小的那个打了电话，让他去找回自己的外套，但他没有把外套落在爱丽丝家。他只是为了知道事情进行到哪一步了。弄清楚。估量有多大的概率被控告……他开车把他载到房子的栅栏那儿。他在小酒馆里等他。他在那里遇到了吕西安。他们之间不太愉快,到了互相辱骂的地步:你认得的那个人说"蠢货",更胆怯的那个人说"没礼貌"。然而,这个人因为这句没用的话而遭到了猛烈的辱骂。莱昂不拿尺子①开玩笑,他的工作离不开尺子。爱丽丝那里没有大衣,但她会保管它,因为她还想再见到它②。"你为什么想要这个?""我就想要。""为什么?""为了生活在正面。"但你并不知道正面是什么。你身处其中什么也看不到。或者几乎什么都看不到。不过,他刚刚注意到了一个能够让人看清事实的决定性要素:被安遗落(?)在电话下的眼镜。她试戴了一下。微笑。"没了它可怎么活啊?"必须把眼镜给莱昂,给这个不是眼镜主人的人。因为所有人——尤其是莱昂和爱丽丝——都要在发生重大事件时佩戴它。这有助于看清楚状况,或者相反。然后,他们可以把眼镜扔到一

---

① 也指规则。——译者注

② 或者"他",外套的主人。——译者注

边,安肯定是这么做的。小马克思(Marx)给吕西安重新戴上安的眼镜。与此同时,爱丽丝给他打电话,要他来她家取回眼镜,因为她害怕给他把眼镜打碎了;对她而言,任何玻璃都是脆弱的。莱昂发现了安失踪的秘密。安没了眼镜不能生活。他要去警察局坦白一切。警察什么都不懂。这仍是一个光学问题。他完全看不出来为什么要严惩莱昂,为什么要判他的罪,就更别提让他改过自新了。但他准备把自己的职责转交给一位专家。于是,莱昂被禁止服刑。这让他越来越难以忍受。他回到了女人家中,她们中的一个女人,他现在让她来审判自己。安骑着自行车先他一步到了。

爱丽丝一直在找安,她让安来讲清楚事情是如何发生的。她保证,当然,对她来说都是一样的。为了(向自己)证明她就是"她",爱丽丝抢在安之前说出了故事的后续。她说了在一切都已经结束以后,突然发生的事情。第二天发生在她身上的事情对她而言,根本就没有发生。爱仅有一次,万万不能重来一遍。如果总是从头来过,那爱就会让人厌烦。

是谁说的话?以谁的名义?"她"替补她,说不定

"她"还想要取而代之。甚至（比）她更胜一筹。所以她在讲述发生的事情时要加上一句："他甚至想要和我有个孩子。"她们全都沉默不语，各有各的困惑。

　　在这时，测量员当然要介入。但如何评判她们？她是谁？还有她？她们并非两个个体之和，从哪里从她们中间通过？

　　她们两个全都起身来回答他。但安更有办法。由她来向他讲述她们是怎么想的。她们？还是她？哪个她？"一个，或者另一个，两个都，还是两个都不。""是你！""是我。"她在那里，就在我面前，好像什么都没有发生过一样。所以我捏造了所有应该发生在她身上的事情？她所是的全部？"我不想再看到你。"这太过分了。当她终于再次现身时，当这重-见（re-voir）将要告终时。（或许？）以被人认出告终，她想要立马消失。"那爱丽丝呢？""她也不。"一个不，另一个也不。两个都不。两个再也不，不论是一起，还是分开。如何忍受她（们）这样逃避。在后面。比如，房门后。"荡妇(们)①,你还会再看到我的,你还会再听到我的。我会带着大型机器再回来的,我会把这里推倒,铺平,我要摧毁。房屋,花园。一切。"

爱丽丝眨眼。慢慢地。好几次。或许,她又要闭上眼睛。翻动眼珠。但是,在她合上眼皮之前,你会看到她双眼通红。

这不单纯是米歇尔・苏特(Michel Soutter)的电影②的问题,也不是其他东西的问题。另外,"她"从来没有"自己的"名字,"她"顶多是"来自仙境",即使"她"有权公开存在——但仅在有 X 先生的担保的情况下。为了占有她,或者连名字都不给就丢下她,在确认她身份之前就忘记她,"我"——谁?——仍然是

---

① Connasse(s):con(指阴户)的阴性形式 conne,再加上一个表示贬义的后缀-asse。——译者注

② 《测量员们》(Les arpenteurs)的剧情如下:爱丽丝自从父亲去世后,就一个人生活在儿时的房子里。她妈妈住在旁边。吕西安和格拉迪斯也生活在这个小村子里。还有安,我们只知道她跟人做爱,除此之外,我们对她一无所知。还有欧仁,爱丽丝的朋友,他只会弹大提琴。一条新建的高速公路要穿过这个村子,所以来了两位测量员——莱昂和马克思。但测量,就是"在房屋、人和情感之间大步流星地走来走去"。

小写的"我"。这么叫我吧：

在地下的"爱丽丝"

此性非一①

　　人们在思考女性的性征时总是要以男性为参照。"男性化的"阴蒂的主动与"女性化的"阴道的被动之间的对立，被弗洛伊德（还有其他人……）当作成为一名性"正常"的女性所要经历的阶段或选择。这种对立对于男人的性实践来说似乎至关重要。原因在于，当（小男孩所面临的）被阉割的焦虑（angoisse de cas-tration）不存在时，阴蒂便被视作适合手淫的小阴茎。而当手淫被禁止，需要为快感另寻出路时，阴道便给男性提供了一个"住所"（logis），并因此获得了自身的价值。

　　女人的性地带似乎就只能是一个性器－阴蒂

---

　　① 原文发表于《格里夫手册》第 5 期。（ «Ce sexe qui n'en est pas un», in *Cahiers du Grif*, n° 5.）

（sexe-clitoris），它比不上阴茎这种有价值的器官，也不比在性交中包裹、摩擦和环绕阴茎的洞-封套（trou-enveloppe）：这是一种非-性器（non-sexe），或一种环绕自身来自我感触的男性性器。

对女人和女人的快感，上述这种关于性别关系的观点只字不提。女人及其快感注定要面临"欠缺"（manque）、（性器的）"萎缩"（atrophie）和"阴茎妒羡"（envie du pénis），妒羡阴茎这种唯一有价值的性器官。于是，女人用尽各种办法试图将阴茎占为己有：卑微地爱着可能会爱她的父亲-丈夫（père-mari）；渴望孩子-阴茎（enfant-pénis），最好是男孩；取得那些仍然理所应当地被男人独享，因而永远属于男性的文化价值；等等。女人要想体验自身的欲望，就只能期盼最终可以拥有一样男性性器的等同物。

然而，这一切与女人的性快感毫不相干，除非她还停留在主流的菲勒斯崇拜。举例而言，女人的自体性欲（auto-érotisme）和男人的大不相同。男人的自体性欲需要有一样工具来触碰自己：他的手、女人的性器、语言……这种自我感发（auto-affection）至少需要一定的主动性。但女人，她可以自己触碰自己，无需中介，更无须区分主被动。女人总是在"自我触碰"，没有人能够制止她这么做，因为她的性器就是由两片不断相互拥吻的唇所构成的。如此一来，在她身上，她已经是相互爱抚的二——但无法分成两个（阴性的/阳性的）一。

这种自体性欲因暴力插入而中断：阴茎像强奸犯一样残暴地把这两片唇分开。这让女人偏离了这种"自我感发"，走上歧途。她需要这种自我感发才能避免丧失性快感。如果说阴道的作用之一（但不唯一）是代替小男孩的手来完成从自体性欲到性交中的异体性欲（hétéro-érotisme）的过渡（与完全陌生的他者的遭遇意味着死亡），那么，这种关于性交的传统描述又该如何解释女人连绵不绝的自体性欲呢？女人不就被困在不可能的抉择中了吗？一方面要誓死捍卫贞洁，坚决封闭自我；另一方面身体要向所有入侵开放，这副身体再也无法在作为性器的"洞"中体验到反复-触摸（re-touche）的快感。西方的性关注勃起，且为此高度焦虑……这证明了支配勃起的想象是何等排斥女性。在那里基本全是强加的命令，这些命令出自男性间的较量:最"强"的,就是"最容易勃起"的,就是阴茎最长、最粗、最硬的,甚至是"尿得最远的"(小男孩们的游戏)。这些命令还可能出自施虐-受虐的幻想,这种幻想受男人与母亲的关系支配:强夺、侵入和占有的欲望,孕育生命的母腹的奥秘,男人诞生与"起源"的秘密。还有,对让血液重新流淌来重现十分古老的(或许是子宫内的,而且还是史前的)母系关系的欲望-需要。

在这种性幻想中,女人只是男人实现自己幻想的道具,还多少带点讨好。她有可能——甚至肯定会——假装自己从中获得了快感。但这种快感是一种受虐的卖身,为了他人的欲望出卖自己的身体。众所周知,这让她沦落到只能依附于男人。她不知道自己想要什么,她做好一切准备,甚至是一再要求,只为他能够"占有"自己,把她当成向他提供享乐的训练"对象"。所以,她不会说她,她自己,想要什么。更何况,她也不知道自己想要什么,或者不再知道。正如弗洛伊德所承认的那样,小女孩的性生活最初是如此"晦暗""在年月中褪色泛白",以至于现在要掘地三尺才能在这样的文明和这样的历史痕迹之下,找回一种更加古老的文明的遗迹。这些遗迹或许能提供可以说明女性性欲为何物的线索。这种极其古老的文明使用不同的语言和字母……女人的欲望和男人的欲望说的不是同一门语言。但女人的欲望却被从古希腊时代开始就一直主宰着西方的逻辑所掩盖。

在这种逻辑中，注视以及形态的差异化和个性化至高无上，但这与女人的性欲毫不相关。女人更加享受被触摸，而非被注视。女人就算是进入了主流的窥视体制，也还是会被指定为是被动的：她要做个被注视的美丽客体。她的身体因此而被色情化，并为了激发"主体"冲动而被要求做到既暴露又遮掩；但她的性器却象征着一种对于"什么都看不见"的恐惧。这就是上述展示系统和欲望系统的缺陷。从这一系统的窥淫目的上看，她的性器就是个"洞"。在这样的展示场景中，这种"什么都看不见"的东西就该被排斥、被丢弃。希腊雕塑已经证实了这一点：女人的性器根本没出现，而是被遮蔽、被重新缝合成了一道"裂缝"。

这种看不到的性器也没有自身固有的形态。尽管女人会为自己的性器在形态上的缺陷而感到愉悦，正是这种缺陷让女人的性器不断地自我反复-触摸。但这种快感却被尊崇菲勒斯形态主义（phallomorphisme）的文明所否认。只有那种可以被定义的形态才会被认为是有价值的，但这种价值抹去了女性自体性欲的相关价值。形态、个体、性器、专有名称和专属意义……这些一（un），通过排斥和分割，取代了至少是二（两片唇）的碰触。这种碰触让女性与自身保持接触，但却分辨不出是什么在相互碰触。

因此，在这种试图一个一个地罗列、计算、清点一切的文化中，女人成了一个谜。她既非一，又非二。她不能被定义为一个人，更无法被视作二。她拒绝一切定义。并且，她连"专有的"名称都没有。她的性器不是"一个"性器，便被算作没有。这是阴茎——这种唯一可见且形态可辨（尽管从勃起到疲软的过程不符合这一点）的性器——的否定、反面和背面。

但女性不谈论这种"形态"的"厚度"、它那书一般的层次结构、它的扩张或收缩，以及两者间的时间间隔。浑然不知。人们要求她维系、重燃男性的欲望，却忽视了这对她自身欲望的价值意味着什么。况且她自己也不知道，至少知道得不清楚。但其力量和持续性能够长时间地维系人们所期待的"女性特质"

(féminité)的各种假面。

的确，她还有孩子，在孩子面前，她可以肆意发泄自己触摸、接触的欲望，如果高压文明对于触碰的禁忌还没有让这种欲望消失殆尽的话。若果真没有，那她的快感就会从中得到补偿和慰藉，消解她在严格意义上的性关系中总是会感到的失望。于是，母性弥补了女性被压抑的性欲的缺憾。只有通过夹在中间的孩子这个中介，男人和女人才会相拥？最好是男孩。男人，将自己认同于他的儿子，找回了被母亲爱抚的快感；女人通过爱抚自己身体的某一部位，自我反复-触摸。这一部位便是：她的婴儿-阴茎-阴蒂（bébé-pénis-clitoris）。

这种三人之爱（trio amoureux）的后果众所周知。但俄狄浦斯的禁忌像是一条浮于表面且人为杜撰的律法——但它能让父亲的话语权威永远延续——因为它是被一种因男性欲望和女性欲望彼此陌生而导致性关系无法成立的文化所颁布的。在这种文化中，一个（女）人和另一个人必须通过间接手段才能尝试着彼此联结：在古代，要通过与母亲身体的敏感关系；在现代，要通过主动或被动地延续父亲的律法。这些退化的情感行为,还有以太过抽象的有关性的词语交流,都是为了避免构成一个与性有关的流放之地。父亲和母亲主导着夫妻关系的运作,但却像是在扮演某种社会角色。分工让他们无法做爱。只要有那么一点点乐趣——而且他们也想有——他们就会生产或再生产①,但却不知如何享乐。因为,这有什么用呢?创造出爱情资源的替代品?然后……

要不我们还是回到禁欲的女性想象上来吧。所以说,女人没有“一个”性器。她至少有“两个”,但不能看成是许多个“一个”②(uns)。而且她有好多个。她的性征都至少是成双成对的,而且还是复数的。现在的文化是这么想的吗?现在的文本是这么写的?难道不清楚这些文本躲过了何种检测吗?实际上,女人要获得快感并不需要在阴蒂的主动和阴道的被动间二选一。爱抚阴道的快感也无须取代爱抚阴蒂的快感。两者共同助力女人的享乐,一个都不能少。还有其他的:爱抚双乳、触摸外阴、分开阴唇、来回按压

---

① 亦指生命的再生产,即生育。——译者注
② uns,一(un)的复数。——译者注

阴道后壁、轻蹭子宫颈等等。这只涉及一部分最独特的女性欢愉。但从人们幻想中的性别差异上看，这些欢愉被人误解。其实，人们根本不去想这个问题，因为另外一种性别只是那种唯一的性别的必不可少的补充。

然而，女人的性器官遍布全身。她能从全身各处获得快感。更不用说她全身的战栗以及多种多样的快感分布。在对相同事物过分关注的想象中，人们想不出这会有多不同、多复杂、多精妙……

"她"对她自己来说永远都是他人。难怪人们说她反复无常、难以理喻、情绪激动、任性妄为……更别提她的语言了，在这门语言中，"她"从各个方向出发，让"他"找不到任何意义上的连贯性。她的话自相矛盾，从逻辑和理性上看简直就是疯话。就算有写好的发言框架和现成的话语密码，听众也还是听不懂她的话。因为，女人在说话时——至少在她敢说话时——也总是自我反复-触碰。她喋喋不休、大声叫喊、半吞半吐、话说一半……这样她才能从自身中抽离。她重返之时，便是在别处重新出发之日。从另一个快感点，或疼痛点，重新出发。听女人说话要用另一只耳

朵,就像是听"另一层含义",这层含义总在自我编织,
总在和词语缠绵,但为了避免自己困在其中动弹不
得,又总在摆脱词语。因为,尽管"她"这么说,但这不
等于,不再等于,她想说的。而且,这从不等于任何事
物,更像是约等于。触碰(近似于)。当差得太远时,
她便中断,从"零",即她的身体-性器(corps-sexe)
开始。

因此,要准确地定义女人想说的,让她们重复(自
己)来把话说清楚,想这样来困住她们是没用的。你
们还想在这种话语的机械机构中吓唬她们,但她们早
已不在其中。女人们回到了自身。不要用理解你们
的方式来理解她们。与你们想的或许不同,她们的内
在与你们的不同。在她们之中,就是在这种无声、多
重、遍布的触摸的私密之中。如果你们不停地问她们
在想什么,她们只能回答:什么都想。什么都没想。

所以,她们其实什么都不想要,但又什么都想要。
总是想要更多,想要你们给予或提供她们的一(比如,
一个性器)之外的东西。但这总被理解为是会把你们
全部吞没的恐怖的贪婪,就像一张填不满的血盆大
口。但这其实是另一套体制,这套体制会打乱计划的
线性发展,摧毁欲望的缘由-目的,分散集中在一处的

享乐，破坏对单一言论的忠诚……

　　多元的女性欲望和女性语言是否应该被视作一种被侵犯的性的零散碎片？或者说是一种被否定的性？这个问题很难回答。女性的想象被抛弃，被排斥。这让女人陷入只能碎片化地感受自身的处境。她们身处主流意识形态未曾结构过的边缘地带，被当作"主体"（男性）用来映照和重复自身的镜子的边角料或多余物。"女性特质"的作用被男性的思辨①（镜映［spécularisation］）所规定，和女人的欲望没什么关系。女人的欲望只能秘密地、偷偷地被补偿，还得担惊受怕，但终究难逃罪责。

　　然而，就算女性想象能够不以一堆无法聚集的碎片残骸的形式呈现并发挥作用，难道它就能因此作为一个整体而存在了吗？难道它就能变得立体而非平面了吗？不能。除非又把它理解为高于女性的母性，而且还是一种菲勒斯崇拜下的母性。她出于嫉妒一心想要占有自己的宝贝产品。女人和男人比谁更多

_____

　　① "思辨（spéculation）"一词本身就源自拉丁语的"镜子（speculum）"。——译者注

产。但她在这场权力竞争中丧失了自己享乐的独特性。女人把自己封闭成一个容器,放弃了来自无缝贴合的双唇的快感:是母亲,但得是处女,这就是自古以来的神话指定给女人的角色。这一角色承认女人具备一定的社会能力,但代价是她被迫沦为性无能;她自己也是同谋。

因此,一个女人要想(重新)发现自我,就只能试着不要为了另一个人的快感而牺牲自己的任何快感,不要把自己等同于任何一个特定的人,永远不要只是做个阴性的一(une)①。而是做一个就算漫无边际地扩张,也不会因此支离破碎的宇宙。更不会像儿童的多态倒错(perversion polymorphe)那样,只能在菲勒斯的至尊权威之下等待着性地带被重组。

女人总是复数的,但却不会分裂,因为她自己身上已经存在异己,并对其像对自体性欲般熟悉。但这并不意味着她本人拥有了这个异己,也不意味着她把这个异己变成了自己的所有物。自己专属、自己所

---

① 法语中的"一"有阴阳性之分,阳性为 un,阴性为 une。——译者注

有,这对女性来说无疑是十分陌生的。至少在性上是这样的。不能拥有,但可以接近。太接近,便会让任何身份歧视以及任何形式的所有物都化为乌有。女人享受这种"太接近",以至于她无法拥有它,亦无法拥有自身。她不断地拿自己和他人交换,根本分不清哪个是自己、哪个是他人。这有悖于所有现行的体制。女人的享乐以其计算彻底击败了这些体制:通过变为/经由他人,女性享乐愈发强烈,没有尽头。

然而,要想女人能够以女人的方式享乐,就必须绕个圈子去分析各种压迫女人的系统。想要仅借助唯一一种能够获得快感的手段,就会让女人缺少她享乐所需的东西,比如某种社会实践的回归。

因为对于男人而言,女人向来代表着使用价值以及男人间的交换价值,也就是一种商品。这导致女人仍是看管物质的人,其价格则要以"主体们"的工作和需求-欲望为标准来定夺:工人、商人、买家。女人们被她们的父亲、丈夫和淫媒打上菲勒斯崇拜的标签。这种诈骗行为决定了她们在性交易中的价值。女人永远不过是两个敌对男人的交易场所,大地-母亲的所有权亦是如此。

这种交易物怎能在既定的交易中收回自己享受快感的权利?这种市场上的商品怎能不像其他商品那样嫉妒成疾?一种物质怎能在享受自身的同时又不让买家担心失去滋养自己的沃土?这种把女人的快感兑换成无法用"专门的"术语来定义的东西的交易,怎能不像是个彻头彻尾的荒唐圈套,怎能不立马被一种更合理的言论和一个明显更切实的价值系统所取代?

一个女人的进化,就算再彻底,也不足以解放全体女人的欲望。直到现在都没有任何一种政治理论或政治实践能够解决或充分考虑这个历史问题,即使马克思主义已经指出了其重要性。但女人们严格意义上讲还不构成一个阶级。女人们的分散让她们的政治斗争变得复杂,也让她们的要求有时会自相矛盾。

但她们落后的状态还在延续,因为她们被迫屈服于一种压迫她们、使用她们、"变卖"她们,却不给她们谋利的文化。女人只有在几乎被她包揽的受虐快感、家务劳动和生育上才处于领先。一些奴隶们的权力?但这并非没有价值。因为,在快感的问题上,主人并不一定会被服侍得很好。因此,颠倒等级关系,尤其是在性体制内,似乎并不是个值得追求的好目标。

但女人就算是保护并发展她们的自体性欲和同性之恋并放弃异性享乐,难道就不会被分掉原本属于她们的权力了吗? 这不就是她们自愿建成的新监狱或新修道院吗?

她们得战术罢工;她们得远离男人并抓紧时间学会如何捍卫她们的快感,尤其是要借助语言;她们得发现其他女人的爱并避开男人蛮横的挑选,这样才能避免沦为相互竞争的商品;她们得树立让人心服口服的社会地位;她们还得养活自己才能摆脱妓女的处境……这都是她们要在交易市场上摆脱无产状态的必经之路。但如果她们的计划就只是简单地颠倒事物的顺序(不得不承认这的确有可能……),历史终将重演。不论是她们的性,还是她们的想象,抑或是她们的语言,都无法在男权主义中(重新)找到女人的容身之地。

回到精神分析理论[①]

一、弗洛伊德的理论

前俄狄浦斯期的力比多构造

"两种性别的个体似乎以同样的方式度过了力比多(libido)的早期阶段。出乎意料的是,在施虐-肛门期(stade sadique-anal)小女孩表现出来的攻击性并不比小男孩的少……但一旦进入阳具期,两性间的相似性就会彻底被差异性所取代。我们必须承认,小女孩就是一个小男人。众所周知,小男孩在这一阶段学会

---

① 原文发表于《内外科百科全书·妇产科学》第 3 卷。(《Retour sur la théorie psychanalytique», in *Encyclopédie médico-chirurgicale, gynécologie*, 3-1973, 167 A-10.)

通过他的小阴茎来获得快感,并将这种刺激与某些性关系的再现联系在一起。为达这一目的,小女孩借助自己那更小的阴蒂。她的任何自慰行为似乎都离不开这个阴茎的替代物。对于这两种性别而言,专属于女性的阴道似乎还没有被发现。"①在弗洛伊德看来,男孩和女孩以相同的方式经历了早期性发展。因为,他们的性地带相同,并且都扮演着相同的角色:刺激和满足所谓"局部"冲动(pulsion partielle)。这些性地带主要是指口腔和肛门,以及生殖器官。尽管这些生殖器官还没有将所有的局部冲动都纳入"性功能"或者生殖功能,但它们以性地带之姿介入自慰行为。

男性器官至上

从性别差异的角度看,口腔和肛门是"中性"的。对于弗洛伊德来说,这并不构成问题。在谈到生殖地带的同一性时,他可以根据生物学以及他本人的分析

---

① 西格蒙德·弗洛伊德:《女性气质》(S. Freud, « La féminité », in *Nouvelles conférences sur la psychanalyse*, Gallimard, Idées.)弗洛伊德在晚年写下了这篇文章,重申了散见于他其他文章中的诸多成熟观点。所以,我将在下文中多次引用这篇文章(引文中的强调部分为伊利格瑞所加。中译本参见《弗洛伊德文集 5:精神分析新论》,车文博主编,长春:长春出版社,2004 年。——译者注)。

观察提出以下主张:小女孩性成长的这一阶段只涉及阴蒂。阴蒂可以看作被截去一段的阴茎(pénis tronqué),一个"更小的"阴茎,一个"对女人天生具有双性性欲的胚胎后遗症的证明",一个"与成年男性相类似的性地带"。所以说,小女孩就是一个小男人,她的所有性冲动和性快感——尤其是自慰过程中的——实际上都是"男性的"。

上述观点及其他相关观点均出自《性学三论》[①]。弗洛伊德在这部作品中表示,对唯一且同一的生殖器官(即男性器官)的假设是两种性别的幼儿的性欲体系的基础。因此,弗洛伊德大力主张力比多永远都是男性的,不论它表现在男人身上还是女人身上,不论欲望的客体是男是女。这种支持阳具至上并认定力比多具备男性特征的观点支配着阉割问题,正如弗洛依德所论述的那样。在探讨阉割问题之前,我们应该先了解一下成为女人的"开端"到底意味着什么。

---

① 西格蒙德·弗洛伊德:《性学三论》(S. Freud, *Trois essais sur la théorie de la sexualité*, Gallimard, Idées.),尤其是 1915 年版及其后版本中的第三篇(中译本参见《性学三论》,任兵译,天津:天津科学技术出版社,2019 年。——译者注)。

对女性幼儿生殖性的影响

弗洛伊德认为,在局部冲动的能量上看,小女孩并非落后于小男孩。比方说,"她的攻击性驱力同样强烈且充沛"①。我们同样可以观察到"小女孩难以置信的阳具主动性"②。然而,小女孩要想获得"女性特质",就必须进一步压抑上述冲动,尤其要把自己的性"主动"改造成与之相反的"被动"。如此一来,局部冲动——尤其是最为顽固的施虐-肛门冲动以及窥淫欲冲动——最终将分散并形成和谐的互补关系:占有的倾向与被占有的欲望互补,施虐的快感与女性的受虐互补,窥淫欲和激发暴露欲的"假面"与羞耻感互补,等等。回过头来看,性别差异贯穿了幼儿期并划分了性功能与性角色:"男性拥有主体、主动性和阳具所有权;女性则永远都是客体、被动性以及被阉割的生殖器官。"③但这种对局部冲动的事后划分并不属于幼儿的性活动。弗洛伊德并没有意识到这种女性

① 西格蒙德·弗洛伊德:《女性气质》。
② 同上。
③ 西格蒙德·弗洛伊德:《幼儿生殖器组织》,出自《性生活》(S. Freud, «L'organisation génitale infantile», in *La vie sexuelle*, P.U.F., Bibliothèque de psychanalyse.)。

幼儿的性能量遭到压抑/自我压抑所产生的影响。但他强调,女性特质呈现为,并且理应呈现为,对性冲动更早且更僵化的压抑以及更强烈的被动性倾向。

就是说,小女孩像一个小男人一样爱着她的母亲。弗洛伊德没有考虑到女儿-女人和母亲-女人之间的特殊关系。他很晚才提及小女孩的前俄狄浦斯期这个无人问津的研究领域。但他一直认为小女孩对她母亲的欲望是一种"男性"欲望、"阳具"欲望。所以必须放弃这种母女关系。并且,当女孩看到那种有价值的性器官时,她意识到自己被阉割了,继而"恨"自己的母亲。所有女人都是如此,她的母亲也不例外。

局部冲动的病理学

弗洛伊德对局部冲动的分析建立在解剖学层面僭越的欲望之上。他认为,对于神经官能症(névrose)来说,这种欲望遭到了创伤性压抑;对于性倒错来说,这种欲望则得到了实现。因此,相比于生殖地带,口腔和肛门黏液被过度关注。施虐-受虐狂、窥淫欲、暴露癖这类的性幻想和性行为也占据上风。弗洛伊德从症状学的角度推断神经官能症患者和性倒错患者的幼儿性欲，他还指出这些症状不是源于先天体质（这体现了弗洛伊德理论的解剖学根基），就是源于性进化过程中的中断。因此，女性性欲不是被解剖学上的"错误"（比如，导致同性恋的"雌雄同体的卵巢"①）所打乱，就是被成为女人的过程中的中断所妨碍。因此，在同性恋中，口腔黏膜占据优势。窥淫欲冲动和施虐–受虐狂冲动的含义太丰富，所以弗洛伊德并没有将它们排除在外，而是按照性别对它们进行分类并将它们纳入生殖体系之中——不要忘了看/被看、施虐/受虐间的对立。但这并不意味着，在弗洛伊德看来，能在上述冲动中得到满足的性关系就不是病态的了。按照前俄狄浦斯期的术语，女性的性病理学应该被阐释为一种对投注于口腔黏液、暴露癖和受虐癖的固着（fixation）。当然了，其他事件也会以不同的方式引发病态"退化"（régression），从而退回到前生殖阶段。为了探讨这些事件，我们要回顾弗洛伊德所主张的"成为一个正常女人"的历史，尤其是小女孩

① 西格蒙德·弗洛伊德：《一个女同性恋案例的心理成因》（S. Freud, «Psychogénèse d'un cas d'homosexualité féminine», in *Revue française de psychanalyse*, t. VI, n° 2.）（中译本请参见《论女性：女同性恋案例的心理成因及其他》，刘慧卿、杨明敏译，北京：社会科学文献出版社，2015年。——译者注）。

与阉割情节的关系。

女性阉割情结的特性

对于男孩而言,阉割情结意味着俄狄浦斯情结的衰退;但对于女孩而言,事实并非如此,甚至截然相反。这是什么意思? 当男孩发现阴茎——这个对他而言无比珍贵的男性器官,并不是身体所必需的,并且某些人(他的姐妹以及小女孩玩伴们……)并没有阴茎时,他便产生了阉割情结。偶然间看到她们的生殖器官,让他能有这样的发现。男孩的第一反应就是否认他所看到的事实;非要把阴茎给他的姐妹,给所有女人,尤其是他的妈妈;他想要看到并且相信自己一定能看到所有人都有这个男性器官。尽管如此,他还是产生了阉割焦虑。原因在于,之所以某些人没有阴茎,是因为被割掉了:这些人本来有阴茎,后来被人切除了。为什么? 这是为了惩罚犯错的孩子。这种以切除孩子性器为惩罚的罪行便是手淫。他已经为此受到了多次警告和威胁。不要忘了,手淫是为了摆脱对父母的情感,尤其是对母亲的情感。小男孩想要像父亲那样占有母亲。或者说:取代父亲。出于自恋,他在阴茎上过分投注。害怕失去阴茎的恐惧让男孩放弃了他的俄狄浦斯境遇,即想要占有母亲,打败他的对手,即他的父亲。随之而来的是超我的形成。超我承袭自俄狄浦斯情结,捍卫着社会、道德、文化、宗教价值。弗洛伊德强调"只有意识到阉割情结是在阳具至上的阶段中突然出现的,才能够正确地理解阉割情结的含义"①。正如我们所见,阉割情结保障着局部冲动在幼儿生殖性中的重组和分级。不论男孩还是女孩都承认,阴茎是唯一有价值的性器。

我们自此便能够想象到小女孩的阉割情结会是什么样的。小女孩原本以为在阴蒂里有一个能够感觉到的阳具器官。她也像自己的兄弟一样,通过自慰在自己的性器上获得快感。但在她看到阴茎后,她发现自己的阴蒂根本比不上男孩的性器官——这跟小男孩发现他姐妹的生殖器官后的反应正相反。她明白了解剖学上的损失就是她的命运,而她必须接受这种阉割。这并非一种失去阴茎的威胁或者执行阉割的恐惧,而是一个既定事实:切除已经完成。她承认,或者不得不承认,与男孩相比,她没有性器。至少,她原以为有价值的性器不过是被阉割的阴茎罢了。

---

① 西格蒙德·弗洛伊德:《幼儿生殖器组织》。

阴茎妒羡与俄狄浦斯情结的开端

小女孩不会轻易顺从于这一真实发生的阉割，这代表着一种无法愈合的自恋创伤。所以产生了"阴茎妒羡"，而它将在很大程度上决定小女孩日后的进化。实际上，尽管为时已晚，小女孩还是希望有朝一日能够找到"真正的"阴茎。她希望自己小小的性器还能够继续生长，或许有朝一日就能比得上她兄弟或玩伴的性器了。在小女孩殷切盼望之际，她把自己的欲望转向父亲，希望从他身上获得自己所没有的东西：那无比珍贵的男性器官，这种"阴茎妒羡"让她远离自己的母亲，她怨恨自己的母亲让自己性残缺，她也渐渐明白了母亲的命运和她的一样，她们都被阉割了。她被母亲两度欺骗，于是抛弃母亲，即她的第一个性"客体"，进入俄狄浦斯情结或欲求于她的父亲。如此一来，女孩的俄狄浦斯情结发生在阉割情结之后，与小男孩的经历的先后顺序正好相反。

但对于小女孩而言，俄狄浦斯情结将延续很长时间。实际上，她无须担心失去自己原本就没有的性器官。只有父亲的反复打压，才会让小女孩摆脱自己对父亲的欲望，但为时已晚且往往不够充分。据此，我们能够推断出,在这样的状况下,超我的形成受到了影响。这导致小女孩、女人,一直停留在对父亲、男人-父亲的幼儿式依赖状态之中,以男人-父亲充当超我。这也导致她无法共享最可观的社会文化兴趣。无法独立的小女孩还是不能在社会游戏中"客观"投注。她的行为不是出于嫉妒、怨恨、"阴茎妒羡",就是出于害怕失去父母或其替身的爱。

小女孩把自己原本对母亲的依恋转移到了父亲身上,完成了她的女性状况所要求的性"客体"的转换,尽管如此,她还有很长一段路要走。正如弗洛伊德所强调的那样,相比于男性性欲的线性发展,"成为一个正常女人"所要经历的改造,要复杂得多,也痛苦得多①。实际上,"阴茎妒羡"导致小女孩对自己的父亲产生了欲望,因为他或许能够给予她阴茎;但这种太过"主动"的"妒羡"应该让位于"被动"的接受性(réceptivité),这才符合世人对女性性欲和女性性器的期待。阴蒂这个"阴茎化"的性地带应该让位于阴道,因为阴道"等价于阴茎的庇护所,成为子宫的继任

---

① 西格蒙德·弗洛伊德:《女性气质》。

者"①。小女孩不仅要改变性客体，还要改变性地带。而这需要一股"被动性的推动力"（poussée de passivité），它对于建立女性特质而言是必不可少的。

想要"拥有"一个孩子的欲望

这还不是全部。弗洛伊德认为，"性功能"首先是生殖功能。因此，所有冲动都被收集起来并为至高无上的生殖功能服务。为此，必须引导女人推崇上述"性功能"。并且，能够让她圆满完成力比多进化的，应该是对生育的渴望。我们将在"阴茎妒羡"中再次找到这种进化的动力。

想要从父亲那里获得阴茎的欲望将被拥有一个孩子的欲望所取代。根据弗洛伊德所分析的等式，孩子变成了阴茎的替代物。只有生下一个具有让人梦寐以求的阴茎的小男孩，女人的幸福才能够圆满。这样一来，她在自己生下的孩子身上补偿了她那因女性境遇而受到侮辱的自尊。但小女孩不可能真的拥有一个她父亲的孩子。要想这个儿时的愿望有朝一日能够成真，她仍需等待。由于父亲拒绝她的所有欲

---

① 西格蒙德·弗洛伊德：《幼儿生殖器组织》。

望,她只好把自己的冲动转移到另外一个有可能取代父亲的男人身上。

一旦成为儿子的母亲,女人便可以"把自己那不被允许的自尊转移到她的儿子身上"。尽管女人没有阴茎,但她的行动力不减分毫。"只有母子关系才能够给予母亲充分的满足感。因为,在所有人类关系中,母子关系是最完美的关系,它在最大程度上摆脱了矛盾心理。"①自此,这种人类爱欲的完美模式便被转移到了丈夫身上。"只有当女人把自己的丈夫转化为自己的孩子时,婚姻幸福才能够得到保障。"②女孩和女人为实现"女人特质"所要经历的艰苦旅程,在她们生养儿子的过程中,得到结束。

后俄狄浦斯期的病理构成

这种进化无疑会在某段进程中中止(arrêt)、停滞(stase),甚至是退化。这便是专属于女性性欲的病理形成过程。

---

① 西格蒙德·弗洛伊德:《女性气质》。
② 同上。

男性化情结与同性恋

对于女人而言,对阉割的发现会导致"强大的男性化情结"的出现。"在这种情况下,小女孩拒绝接受这一残酷的现实,非要夸大自己的男子气概,坚持自己的阴蒂主动权,在认同阳具母亲或父亲的过程中寻找救赎。"①这种男性化情结的极端后果体现在性体系以及女同性恋者的客体选择上。出于女性的俄狄浦斯情结,女同性恋者往往把自己的父亲当作"客体"。但父亲不可避免地会让她失望,这导致她退化至幼儿化的男子气中。自此,她根据男性模式来选择欲望客体,并且她"在被爱的客体(objet aimé)面前,明显采用了男性的行为类型"。"她不仅选择了一个女性客体,还选择在这个客体面前展现出男子气概",她在某种程度上变成了"男人,并取代了自己的父亲,把她的母亲当作爱之客体"②。暂且不论这些极端情况,在不同的历史时期,时而是男子特质占优势,时而是女性特质占优势,这样的反复更迭或许能够解释男

---

① 西格蒙德·弗洛伊德:《女性气质》。
② 西格蒙德·弗洛伊德:《一个女同性恋案例的心理成因》。

人眼中的女人之谜。对这个谜的解释就在双性特质（bisexualité）女人生活中的重要性上。

并且，弗洛伊德认为，女人对男人的敌视可能永远无法彻底解决。"阴茎妒羡"试图掩盖女人在性上的低劣（infériorité sexuelle），展现了"正常"女性特质的许多独特之处。比如：相比于男人，女人具备"更加依赖于自恋心理的客体选择"、"身体虚荣"（vanité corporelle）、"缺乏正义感"，甚至是主要用来"掩盖生殖器官缺陷"的羞耻心（pudeur）。"女人升华本能的能力较弱"，相应地，她无法参与社会文化利益的分配。而这是源于女人与俄狄浦斯情结的特殊关系及其对女人超我的形成所产生的影响。尽管这些女性特质的特征并不令人愉悦，却也并非病态。弗洛伊德认为，这些特征出现在女性特质"正常"的进化过程中①。

性冷淡

更加令人担忧的是女人产生性冷淡的频率。尽管弗洛伊德承认这是一种尚未被完全认识的现象，但

---

①　西格蒙德·弗洛伊德：《女性气质》。

他似乎想要借此证明女人天生就有性劣势。"当力比多被迫服务于女性功能时，它便会受到更大的压迫。并且，相比于服务于男性功能的情况，自然很少关心女性功能的诉求。因为，为了实现生物学目的，男人要具备攻击性。并且，女人的同意在某种程度上并不是必须的。"[1]弗洛伊德并不认为性冷淡源于这种强奸式的暴力性关系。他认为性冷淡不是源于女人的性低劣，就是"某种体质因素，甚至是解剖因素"困扰着女人的性欲，不过，弗洛伊德也承认自己并不了解性冷淡的成因。

受虐狂

受虐狂是否是"正常的"女性特质的要素？弗洛伊德的某些观点似乎在证明这一点。比如："社会法则和女人的体格强迫她们压抑自己的攻击本能，因此形成一种高度受虐的习性，这种习性通过刺激向内的破坏性倾向从而激发出了性欲。因此，可以说受虐狂是女性所独有的。"[2]或者说，受虐狂是否是一种往往

---

① 西格蒙德·弗洛伊德：《女性气质》。
② 同上。

发生在女人身上的性偏差(déviation)或一种病态的流程？弗洛伊德会这样回答：尽管受虐狂是"正常的"女性特质的一部分，但女性特质不能简化为受虐狂。对"孩子挨打"[①](On bat un enfant)的幻想的分析，既完整地描述了女人的生殖构造，又解释了受虐狂是如何牵涉其中的：

小女孩对父亲怀有乱伦的欲望，希望有一个他的孩子，所以想要看到自己的兄弟挨打。她把他视作令人讨厌的对手，一方面是因为他并非女孩跟父亲生下的孩子，另一方面是因为他有阴茎。小女孩的所有要求、愿望、欲望，都被一条条禁令所压抑，一是禁止乱伦关系，二是禁止施虐冲动以及更为普遍的"主动"冲动。因此，想要看兄弟挨打的欲望，转变为了她自己被父亲打的幻想。在这样的幻想中，小女孩的乱伦欲望通过受虐得到了退化式的满足，与此同时，她也因这样的欲望而被惩罚。这种幻想还可做如下阐释：我的父亲打我，就像是在打我想要成为的男孩。或者说，人们打我，是因为我是在性方面上低人一等的女

---

① 西格蒙德·弗洛伊德：《"孩子挨打"：写给性变态起源的研究》，载于《法国精神分析杂志》(S. Freud, «On bat un enfant», in Revue française de psychanalyse, t. VI, n° 3-4.)。

孩。也就是说,被打的是我的阴蒂,这个小到不行的男性器官,这个拒绝长大的小男孩。

歇斯底里症

歇斯底里症为精神分析及其话语拉开了序幕——可参见弗洛伊德与约瑟夫·布罗伊尔(Josef Breuer)所著的《歇斯底里症研究》(*Études sur l'hystérie*),并且弗洛伊德早期的病人都是歇斯底里症患者。但这部弗洛伊德观点的集大成之作并没有对歇斯底里症的症状进行全面的分析,也没有提及这些病症与女性性欲发展的关系。并且,弗洛伊德并没有在这本书中系统化地整理自己在不同阶段对歇斯底里症的思考。先简要重申一下弗洛伊德的观点,他认为,歇斯底里症并非一种专属于女性的疾病。弗洛伊德在《对朵拉案例的分析》①中定义了女性俄狄浦斯情结的正向模式和反向模式:正向模式对应恋母仇父,反向模式对应恋父仇母。这种俄狄浦斯情结的倒

---

① 西格蒙德·弗洛伊德:《朵拉:歇斯底里案例分析的片段》,出自《弗洛伊德五大心理治疗》(S. Freud, Fragments d'une analyse d'hystérie (Dora), in *Cinq psychanalyses*, P. U. F., Bibliothèque de psychanalyse.)。

置能够在歇斯底里症的症状中得到体现。弗洛伊德很久以后才提及女孩的前俄狄浦斯期,他表示,不论如何,"女孩在这一时期对母亲的依恋,与歇斯底里症的成因密切相关"[①]。即使歇斯底里症最能体现俄狄浦斯幻想,并往往以创伤的形式呈现,但要想对俄狄浦斯幻想的价值被过度哄抬的内幕有所了解,就必须回到前俄狄浦斯期。

回到女孩的前俄狄浦斯期

弗洛伊德回到了女孩的前俄狄浦斯期,并更加关注小女孩对母亲的固着,而这离不开女精神分析师的激励和帮助,比如露丝·马克·布隆斯维克(Ruth Mack Brunswick)、尚·蓝珀·德·格鲁特(Jeanne Lampl de Groot)以及海伦·德伊契(Hélène Deutsch)。相比于弗洛伊德,她们在移情场景中能更好地充当母亲的替身[②]。他最终表示,相比男孩而言,前俄狄浦斯期对女孩来说更加重要。但针对这一

---

① 西格蒙德·弗洛伊德:《论女性性特质》(S. Freud, «Sur la sexualité féminine», in *La vie sexuelle.*)(中译本参见《论女性:女同性恋案例的心理成因及其他》,刘慧卿、杨明敏译,北京:社会科学文献出版社,2015 年。——译者注)。

② 西格蒙德·弗洛伊德:《论女性性特质》和《女性气质》。

女性力比多形成的初始阶段，弗洛伊德主要采用的是负面视角，至少是有争议的视角。比如，小女孩对母亲的诸多不满：太早断奶；无止境的情感需求得不到满足；必须和她的兄弟姐妹们分享母爱；在被母亲刺激到性地带后却被禁止自慰；尤其是她被生为女孩，也就是被剥夺了阳具。因此，在女孩对母亲的依恋中蕴含着一种巨大的矛盾情感，如果不压抑这种矛盾情感，那婚姻关系就会受到影响，陷入无法解决的冲突之中。女人对主动性的倾向可以理解为小女孩是在尝试通过模仿母亲来摆脱自己对母亲的需要。并且，小女孩作为阳具的化身，原本想要吸引自己的母亲并为她生下一个孩子。因此，女性力比多形成过程中的太过"主动"的倾向往往被视作母女关系的重现，或压抑的不足。而随着母女关系的决裂，"被动目的的冲动"会得到相应的发展。不要忽略下列事实，小女孩对母亲的矛盾情感会引发攻击和施虐冲动。如果这些冲动没有得到压抑或朝向相反的方向发展，便会为日后的妄想症（paranoïa）埋下祸根。这种妄想症一方面是源自母亲不可避免地会让女孩感到失望，比如断奶或者发现女人被"阉割"，另一方面是源自小女孩的攻击性反应。这就是为什么女孩害怕被母亲杀害、多疑、受制于母亲或其替身的威胁。

精神分析的"黑暗大陆"

无论取得了哪些研究成果,弗洛伊德都坚称女性性欲是精神分析的"黑暗大陆"。他坚称自己仍停留在"女性前史"[①]上,并坦言前俄狄浦斯期"令人震惊,像是在另一个领域中的发现,原来在希腊文明的背后还有米诺斯–迈锡尼文明"[②]。不论他如何讲述或描写女人的性发展,这个问题对他而言仍然是一个谜,他也称自己并没有对这一问题展开细致深入的研究。他认为在这一问题上最好保持谨慎,尤其是在面对掩盖了女性性欲的部分真相的社会规定时。这些社会规定往往把女人置于被动的境地,强迫她们压抑自己的攻击本能,阻碍她们对欲望客体的选择,等等。在这一领域中,成见会妨碍研究的客观性。为了在众说纷纭的争论中做到公正客观,弗洛伊德重申力比多只能是男人的,但他也承认的确只有一种力比多,但这种力比多可以服务于女性特质中的"被动目的"[③]。

---

① 西格蒙德·弗洛伊德:《女性气质》。
② 西格蒙德·弗洛伊德:《论女性性特质》。
③ 同上。

这种力比多在女人的性体系中会遭到更强的抑制,但这并不构成一个问题。这就解释了"阴茎妒羡"为何经久不衰,哪怕女性特质已经根深蒂固了。

　　尽管弗洛伊德认为最好保持警惕,并调整了自己之前的言论,但他还是没有分析同样制约着女人的性进化的社会经济规定和文化规定。他对反对纯粹男性视角的分析师的研究还是持否定态度,因为这种视角支配着他及其门徒(不论男女)在"成为女人"这一问题上的理论观点。尽管他赞成尚·蓝珀·德·格鲁特、露丝·马克·布隆斯维克以及海伦·德伊契的研究,甚至对卡尔·亚伯拉罕(Karl Abraham)的研究也只是持保留态度;尽管他在自己最后的作品中提到了这些人的研究成果,但他还是反对卡伦·霍妮(Karen Horney)、梅兰妮·克莱因(Mélanie Klein)以及欧内斯特·琼斯(Ernest Jones)想要建立女人性欲假说的尝试。他们认为女人的性欲并非完全参照男性标准,也不受"阴茎妒羡"的控制①。被自己的学生批评让弗洛伊德感到难堪,而他所定义的女性的阉割情节也遭到了质疑。

―――――――――

　　①　西格蒙德·弗洛伊德:《论女性性特质》和《女性气质》。

二、女分析师们对弗洛伊德观点的批判

卡伦·霍妮

卡伦·霍妮这位女性是第一个反对弗洛伊德关于女性性欲的观点的人。她还率先支持"推翻"弗洛伊德为了解释小女孩的性进化所提出的阉割-俄狄浦斯情结的复杂顺序。有关女人与女人性欲的关系的阐述得到了极大的修正。

"否认"阴道

实际上,女孩不是因为"阴茎妒羡"才离开没有阴茎的母亲,转向有可能给她阴茎的父亲;相反,小女孩是因为专属于女性的想要与父亲乱伦的欲望落空,才只好退而求其次,转而"妒羡"阴茎——这个父亲的替代物。因此,小女孩,女人,不再想要成为男人,也不再想要拥有阴茎从而(好像)成为男人。她之所以在后俄狄浦斯阶段开始"妒羡",想要把阴茎占为己有,一是为了补偿自己被剥夺了对象物后所产生的失望,

二是为了自我保护,抵挡因乱伦欲望而产生的负罪感,防止父亲真的对她施暴,她对此可谓是既害怕又渴望①。这意味着,小女孩已经发现了阴道,而非像弗洛伊德所主张的那样:阴道长期以来一直被两性所无视。

然而,小女孩和自己的阴道的关系,不应该用无视来形容,而应该用"否认"来概括。这意味着她有意识地假装不知道自己知道的事情。小女孩在这一阶段发现了自己的这个性器,但她拒绝承认并感到害怕,这证明了小女孩对阴道的"否认"。成年男性的阴茎与女童狭窄的阴道的对比、看到经血的冲击、手淫时撕裂处女膜所导致的疼痛,都让小女孩害怕拥有阴道,并且否认阴道的存在,但她其实已经知道了②。

---

① 卡伦·霍妮:《论阉割情结的起源》,出自《女性心理学》(K. Horney, «De la genèse du complexe de castration», in *La psychologie de la femme*, Payot, Bibliothèque scientifque.)。

② 卡伦·霍妮:《否认阴道》,出自《女性心理学》(K. Horney, «La négation du vagin», in *La psychologie de la femme*.)。在这一点上,卡伦·霍妮继承并发展了穆勒(J. Müller)在《论女孩生殖器期的力比多发展》("A contribution to the problem of libidinal development of the genital phase in girls", in *Intern. J. Psychoanal*, volume 13.)中的观点。

女人的文化神经官能症

卡伦·霍妮从此与弗洛伊德的理论分道扬镳。她借助社会文化规定来研究所谓的女性性欲的专属特征,甚至只关注这一个角度。在美国社会学家和人类学家——比如卡丁纳(Kardiner)、玛格丽特·米德(Margared Mead)和鲁思·本尼迪克特(Ruth Benedict)——的影响下,卡伦·霍妮与精神分析的传统视角渐行渐远。在批判的过程中,她用对社会和文化因素的分析取代或补充传统的精神分析视角。这些因素影响着"正常"性欲的发展以及神经官能症的病因。在这一新视角下,"阴茎妒羡"不再由女性"天性"所决定,也不再属于女性"天性",这种天性与"解剖缺陷"之类的事物联系在一起。阴茎妒羡应该被视作一种防御型症状,保护女人不受其政治、经济、社会和文化境遇的影响。但这也导致女人无法真正地改变被强加给自己的命运。"阴茎妒羡"体现了女人的怨恨与妒忌,因为她们无权拥有那些专属于男人的优势,尤其是性优势,比如"独立""自由""力量"等;并且她们只能承担部分的政治、社会和文化职责,数百年来她们一直都被排除在外。她唯一的退路就是"爱",因此，她把爱提升为自己唯一且绝对的价值。

"妒羡"表明女人的"低劣"，这种低劣是西方文化中所有受压迫者所共有的，比如女人、孩子、疯子等。如果女人接受了自己这种生理"命运"以及针对女人性器官构造的"不公"，那她便是拒绝思考这种所谓的"低劣"到底源于何种因素。换言之，卡伦·霍妮认为，女人的神经官能症是"成为一个正常女人"所必需的。在弗洛伊德看来，成为一个正常的女人就是要服从于西方文化指派给她的角色，包括性角色①。

梅兰妮·克莱因

第二个反对弗洛伊德有关女性性欲理论的女人就是梅兰妮·克莱因。和卡伦·霍妮一样，她也颠倒、"推翻"了弗洛伊德所建立的事件的先后顺序。同样地，她们两人都主张"阴茎妒羡"是为了掩盖小女孩与女人实现欲望的困难而被相继建立的。梅兰妮·克莱因通过探索并重构幼儿的幻想世界来质疑弗洛

---

① 卡伦·霍妮：《被过分高估的爱》，出自《女人精神分析》（K. Horney, «La survalorisation de l'amour», in *La psychologie de la femme*）。亦可参见《女人的受虐狂症》（*Le problème du masochisme chez la femme*）和《对爱的神经官能性需要》（*Le besoin névrotique d'amour*）等文章。

伊德的理论体系。

俄狄浦斯情结的早发形态

梅兰妮·克莱因与弗洛伊德的分歧从一"开始"就存在了。因为梅兰妮·克莱因拒绝把阴蒂自慰等同于一种男性活动。阴蒂是女性的生殖器官,不应该把阴蒂当作"小"阴茎,也不应该希望女孩只需抚摸阴蒂便能获得快感。并且,在性发展的这一阶段中,主要是通过阴蒂来刺激性欲,但这阻碍了通过阴道来刺激性欲,后者更加危险,也更具争议。阴道刺激是最早发生的,但与此同时,小女孩幻想着父亲阴茎的纳入以及母亲-敌人的消失,这让她担心遭到母亲的报复。母亲为了复仇,可能会不惜丢弃她的内部性器官。但没有任何检查或"现实"证据能够证明上述器官是否完好无损,小女孩也就无法摆脱这种幻想所产生的焦虑。她就这样渐渐放弃了阴道刺激。[①]

不论如何,小女孩不是非要等到产生了"阉割情结"才能转向父亲。对她而言,"俄狄浦斯情结"在前

[①] 梅兰妮·克莱因:《俄狄浦斯冲突的前期阶段》,出自《精神分析文集》(M. Klein, «Les stades précoces du conflit œdipien», in *Essais de psychanalyse*, Payot, Bibliothèque scientifque.)。

生殖期的冲动体系中发挥了作用,尤其是口欲冲
动①。因此,"好乳房"(好妈妈)的断奶会导致小女孩
对母亲的敌意,这份敌意会在第一时间被投射到母亲
身上,把她变成一个让人害怕的"坏妈妈"。并且,母
亲禁止满足俄狄浦斯欲望中的口欲——与父亲阴茎
的纳入正相反,这会加剧母女间的冲突。下意识地模
仿父亲的阴茎,这就是小女孩对阴茎产生欲望的最初
形式。所以,这并不是弗洛伊德所谓的"阴茎妒羡",
也不是想要占有男子权力的象征从而(好像)成为一
个男人的倾向,而是女性欲望的表达:女人从口欲期
开始就想要阴茎的插入。所以,女孩的俄狄浦斯情结
并非"阉割情结"的对立面。阉割情结让女孩希望从
父亲身上得到她所没有的性器,但俄狄浦斯情结在她
最初的性欲中就在发挥作用②。女人的生殖冲动更

---

① 梅兰妮·克莱因:《俄狄浦斯冲突的早期阶段与超我的形成》,
出自《儿童精神分析》(M. Klein, «Les premiers stades du confit œdipien
et la formation du surmoi», in *Psychanalyse des enfants*, Payot,
Bibliothèque scientifque.)。

② 梅兰妮·克莱因:《早期焦虑对女孩性发展的影响》,出自《儿
童精神分析》(M, Klein, «Le retentissement des premières situations
anxiogènes sur le développement sexuel de la fille», in *Psychanalyse des
enfants.*)。

注重接受性，比如口欲冲动，这使小女孩的俄狄浦斯情结的早发形态更加明显。

防御性的男性认同

俄狄浦斯情结的早发性并非没有风险。父亲的阴茎能够满足小女孩的欲望，但也能将其摧毁。它既"好"又"坏"，既刺激又致命。它陷入爱恨交织的复杂情感中，陷入向生与向死的二象性中。小女孩最初对父亲的阴茎抱有好感，但她针对的其实是父亲，因为母亲下意识地模仿父亲。小女孩想要占有父亲的阴茎以及母亲身体里的孩子：她对母亲有攻击性，因为母亲会通过摧毁她的身体"内部"以及她体内的"好东西"来报复她。父亲的阴茎和母亲的报复让小女孩产生焦虑，这导致她不得不放弃自身力比多最初的女性构造，并采取防御手段，认同父亲的阴茎或父亲本身。因此，她在面对自身俄狄浦斯欲望引发的失望和危险时，采取了一种"男性"立场。她的这种男性特质（masculinité）是继发的，是为了掩盖——甚至是为了能够百分百抑制——乱伦的幻想：女孩想要取代母亲,待在父亲身边,并为他生一个孩子①。

三、折中的尝试——欧内斯特·琼斯

与弗洛伊德不同,欧内斯特·琼斯对卡伦·霍妮和梅兰妮·克莱因这样的女性为有关女性性欲的精神分析早期理论所带来的新贡献表示欢迎。因为,欧内斯特·琼斯更加深入地思考了男人的"女性"欲望以及伴随着男孩在父子关系中发现女人性器后所产生的阉割焦虑。他更加了解男人对这种发现的渴望和恐惧,所以他才能进一步探索女性特质这片"黑暗大陆",并且他更愿意倾听女人在自身性体系的问题上想要表达些什么。的确,他不像弗洛伊德那样需要捍卫新理论框架的基础,欧内斯特·琼斯既不赞同某些新立场,比如卡伦·霍妮在她著作第二部分中所表达的观点;也不关心弗洛伊德和某些(女)学生间的决裂。琼斯试图调和弗洛伊德与其他精神分析师在女

---

① 梅兰妮·克莱因:《早期焦虑影响下的俄狄浦斯情结》,出自《精神分析文集》(M. Klein, «Le complexe d'Œdipe éclairé par les angoisses précoces», in *Essais de psychanalyse*.)。

人性发展上的分歧，并带来自己的新贡献。

阉割与性欲丧失

欧内斯特·琼斯并不把自己当作辩论赛的裁判，而是在不同的立场中寻找有可能存在的共识。他支持弗洛伊德有关女性俄狄浦斯情结的理论，但他也表示分析儿童的精神分析师在小女孩前俄狄浦斯领域内的新发现能够改写小女孩与俄狄浦斯情结的关系。首先，他区分了阉割与性欲丧失：阉割是一种失去生殖性享乐能力的威胁；性欲丧失则代表着性享乐的彻底丧失。这样想的话，我们就能够理解，在小女孩对俄狄浦斯欲望彻底失望后，她开始害怕"性欲丧失"，这导致她放弃自己的女性特质并将自己同化为置她的快感于不顾的另一种性别①。如此一来，她便幻想自己摆脱了被彻底剥夺所有享乐的焦虑。而且，这样做还能减轻乱伦欲望所引发的负罪感。然而，这样的选择最终会导致同性恋，但这一现象在女性特质的正

---

① 欧内斯特·琼斯：《女性性欲的前期发展》，出自《精神分析理论与实践》（E. Jones, « Le développement précoce de la sexualité féminine », in *Théorie et pratique de la psychanalyse*, Payot, Bibliothèque scientifique.）。

常发展过程中会得到缓解。这是一种防御性的继发反应,可以抵挡因女孩的欲望被父亲无视而产生的丧失性欲的焦虑。

对"阴茎妒羡"的不同阐释

小女孩无须经由这种反应式的男性特质就已经是"女人"了。这种早熟的女性特质在所谓的"前生殖"阶段就已有迹象[1]。阴茎妒羡首先是想要把阴茎纳入自身的欲望,也就是一种早在口欲期就已出现的异体性欲。随后,口腔、肛门、阴道等效地使阴茎的向心引力发生了转移。琼斯意识到了小女孩对父亲性器的早熟欲望,继而区分了三种"阴茎妒羡":一是小女孩想要把阴茎纳入体内并下意识地模仿阴茎,从而将其留在身体"内部"并转化为孩子;二是想要在性交时享受阴茎(口交、肛交、生殖性交);三是想要拥有一个男性性器来取代阴蒂。

弗洛伊德所推崇的就是最后那种解释,他强调小女孩和女人对男性特质的欲望,并否认女性力比多体

---

① 欧内斯特·琼斯:《原始的女性性欲》,出自《精神分析理论与实践》(E. Jones, «Sexualité féminine primitive», in *Théorie et pratique de la psychanalyse.*)。

系及其性别的特殊性。然而，想要在阴蒂地带拥有阴茎的欲望首先对应着自体性欲：在自慰活动中，阴茎更好接触、更可见，也更能满足自恋癖好。在万能的尿道幻想中或在窥淫欲和暴露癖的冲动中，阴茎同样被推崇。小女孩的前生殖阶段进化无法简化为这种行为和这些幻想，甚至，只有在小女孩对父亲的阴茎产生异体性欲后，这些行为和幻想才会发生。这意味着在所谓的前俄狄浦斯期的构造和后俄狄浦斯期中，相比女性独有的想要享受阴茎的欲望，女孩的"阴茎妒羡"是继发性的，而且往往是防御性的。因此，小女孩从来不都是小男孩，她的性欲发展也并非建立在想要成为男人的欲望之上。这样的阐释会导致女孩的性发展——同样包括男孩的——中断在一个格外关键的发展阶段。琼斯将其称为"第二阳具期"①(deutéro-phallique)，在这一阶段中，两性中的每一性都被迫认同自己的欲望客体，从而摆脱来自同性父母（俄狄浦斯体系中的敌人）的切除生殖器官的威胁，以及乱伦欲望遭到悬置后的"性欲丧失"。

——————————

① 欧内斯特·琼斯：《阳具期》，出自《精神分析理论与实践》(E. Jones, «Le stade phallique», in *Théorie et pratique de la psychanalyse*)。

四、对弗洛伊德理论的补充

如前所述，其他女分析师反对这些理论修正，而是支持并发展了弗洛伊德的早期观念。弗洛伊德在他晚年的著作中提到了她们在对女人性发展早期阶段的研究上的贡献。

比如尚·蓝珀·德·格鲁特，她重点关注女孩的反向俄狄浦斯情结。小女孩原本想要拥有母亲并取代父亲，这是一种"主动"的模式和/或"阳具"模式；然后她产生了对父亲的"正向"欲望，而这意味着接受性的"被动"。由于这种欲望无法得到满足，阴蒂便遭到贬斥，无法与阴茎相提并论。阉割情结的介入让俄狄浦斯情结从反向（主动）阶段过渡到正向（被动）阶段[①]。

海伦·德伊契研究的一大特点就是强调女人生

---

① 尚·蓝珀·德·格鲁特：《女性俄狄浦斯情结的演变》，出自《精神分析读本》（J. Lampl De Groot, "The evolution of the œdipus complex in women", in *The psychoanalylical Reader*, R. Fliess ed., Hogarth Press.）。

殖性欲结构中的受虐癖。在前生殖发展的所有阶段中，阴蒂和阴茎不相上下，但阴道被人忽略，直到青春期才会被发现。然而，尽管阴蒂（阴茎）能够等同于乳房或排泄腔道，但到了阳具期，阴蒂的低劣性便开始显现，因为它无法像阴茎那样满足这一阶段的主动冲动。如果贬值了的阴蒂得到关注，那它的力比多能量会发生怎样的变化？海伦·德伊契认为，阴蒂的力比多能量会大幅下降并按照受虐模式进行重组。"我想要被阉割"的幻想将取代无法实现的阳具欲望。切勿混淆这种受虐狂和之后的"道德"受虐狂。这是受虐狂的一种初级形态，能够刺激性欲并由生理因素决定，是女性性欲的组成部分。这种形态由阉割、强奸、分娩三方主宰，除此之外，还有继发的次要因素，即女人实施的升华所具备的受虐特征。女人对孩子的母性行为中也存在这种现象①。

继弗洛伊德之后，露丝·马克·布隆斯维克重申了三大彼此相连但无法互换的对立关系——主动/被

---

① 海伦·德伊契：《女人心理学》（H. Deutsch, «La psychologie des femmes», P.U.F., Bibliothèque de psychanalyse.）。

动、阳具/阉割、男性/女性——操控着性发展,并着重
分析了在小女孩性发展的前俄狄浦斯阶段中,主动
性/被动性的二元对立的模式与转换①。

　　玛丽·波拿巴(Marie Bonaparte)则认为,女人与
力比多生活的关系的特殊性,即其"劣势"地位,是因
为女人的性器官被等同于在生长过程中因服务于母
性的"附件"的发育而遭到抑制的男性器官②。并且,
她主张,有三条定律控制着女人的性发展。第一,欲
望客体:所有对母女关系的关注,不论被动还是主动,
都会转移到父女关系上。第二,冲动发展:随着"主
动"俄狄浦斯情结过渡到"被动"俄狄浦斯情结,小女
孩的施虐幻想会转变为受虐幻想。第三,优势性地
带:随着阴蒂自慰被放弃,优势性地带会从阴蒂(阴
茎)转移到"泄殖腔"(cloaque),然后再转移到阴道。
玛丽·波拿巴认为,"泄殖腔"性欲是介于肛门性欲和

―――――――

　　①　露丝·马克·布隆斯维克:《力比多发展的前俄狄浦斯期》,出
自《精神分析读本》(R. Mack Brunswick, "The precedipal phase of the
libido development", in The Psychoanalylical Reader.)。
　　②　玛丽·波拿巴:《被动性、受虐狂与女性特质》,出自《精神分析
与生物学》(M. Bonaparte, «Passivité, masochisme et féminité», in
Psychanalyse et biologie, P. U. F., Bibliothèque de psychanalyse.)。

更后期的阴道性欲间的中间阶段。因此,阴道只是肛门的一个附件,或者更确切地说,阴道当时还尚未从肛门中分化出来。在前阳具期和后阳具期,泄殖腔口都是最重要的性地带,直到青春期后阴道被色情化[1]。

五、象征秩序:雅克·拉康

在有关女人性欲的争论偃旗息鼓、被人遗忘(再次被压抑?)的十五至二十年后,为了强调这些问题大都未被妥善处理,也为了总结那些在他看来悬而未决的问题,雅克·拉康选择重启这场论战。就这些悬而未决的问题而言,拉康引用了生理学在"染色体性别"(sexe chromosomique)和"荷尔蒙性别"(sexe hormonal)的功能划分上的新进展,以及有关"男性荷尔蒙的力比多优势"的研究。这让他重新思考在有机体和主体之间的"断裂"的介入模式。他还提醒人们注意

---

[1] 玛丽·波拿巴:《女人的性欲》(M. Bonaparte, *Sexualité de la femme*, P.U.F., Bibliothèque de psychanalyse.)。

"阴道高潮的本质"以及阴蒂在性地带和欲望"客体"
的转移中所扮演的角色①。

作为欲望能指的菲勒斯

面对精神分析师们在女人性发展问题上的分歧，
拉康批判那些忽视阉割情结的结构性的观点，认为这
是对弗洛伊德的背离。把实在界、想象界和象征界混
为一谈，对三界各自对剥夺、失望和阉割所产生的影
响认识不清，这导致象征维度，即阉割的真正关键所
在，被简化为口欲的失望②。为了更好地强调阉割势
必会造成的象征联结，拉康阐明了会在阉割中消失的
东西并非阴茎（实在的器官），而是阳具，即欲望的能
指。孩子首先在母亲身上发现阉割现象，这令他脱离
想象轨道，摆脱对母亲的欲望，继而转向父亲那边，把
他当作掌握阳具象征之人。母亲正是为了这种阳具
象征而欲求于他，偏爱于他，胜过爱自己的孩子。

因此，必须由父亲担保的象征秩序得以正常运

---

①　雅克·拉康：《针对一届关于女性性欲的会议的指导性谈话》，
出自《著作集》（J. Lacan，«Propos directifs pour un congrès sur la
sexualité féminine»，in *Écrits*，Seuil，Le Champ freudien.）。

②　同上。

转。是故,父亲禁止母亲和孩子的欲望得到满足:既不让母亲把孩子当作她所欠缺的阳具,也不让孩子成为阳具的承载者,以乱伦的方式满足他母亲的欲望。他们的欲望得不到满足,快感也无法"完满",父亲将他们纳入(或重新纳入)欲望通过语言实现象征化的要求,即纳入"欲望需要穿过需求"这一必要条件下。需求与欲望的满足之间永远无法弥合的缺口(hiatus)维系着阳具作为一种欠缺的能指的功能,这种欠缺确保并调节着在追求爱和只满足性欲的双重维度下的力比多交换的经济。

成为或拥有菲勒斯

"但如果只谈阳具的功能,我们可以指出两性关系必须服从的那些结构。这些关系围绕着一个成为(être)和一个拥有(avoir)……尽管这种说法显得十分自相矛盾,但我们还是要说,女人为了成为阳具,即大他者(l'Autre)欲望的能指,抛弃了自己绝大部分的女性特质,尤其是在伪装中的属性。她之所以想要被欲求并被爱,是为了她所不是(即阳具)。但她在(被认为拥有阳具的)男人身上找到了自身欲望的能指,她把自己对爱的需求寄托在了这个人身上。或许不该忘记的是,这个具备能指功能的器官因此获得了拜物神的价值。"①

这种表述借助阳具的功能论证了两性的辩证关系,但拉康的这种观点并没有背离弗洛伊德所定义的女孩的阉割情结,即女孩缺少阳具。他同样认为女孩想要进入俄狄浦斯情结,或者说她想要从可能拥有阳具的人身上获得阳具,而这个人就是她的父亲。拉康同样没有质疑"阴茎妒羡"对于女人的重要性,反而将其进一步结构化。

六、"身体的意象":弗朗索瓦兹·多尔多

弗朗索瓦兹·多尔多在小女孩性发展方面的研究同样值得一提②。她主张父亲必须把母亲当作"女

---

① 雅克·拉康:《阳具的意义》(J. Lacan, «La signification du phallus», in *Écrits*, Seuio, Le Champ freadien.)(中译本参见《拉康选集》,褚孝泉译,上海:上海三联书店,2001 年。楷体强调和括号内的补充为伊利格瑞所加。对拉康新著作的分析,请参见第五篇《女人皆如是》——译者注)。

② 弗朗索瓦兹·多尔多:《生殖力比多及其女性命运》,载于《精神分析》(F. Dolto, «La libido génitale et son destin féminin», in *La Psychanalyse*, n° 7, P.U.F.)。

人",这样小女孩才会感觉自己的女性性别受到了重视。多尔多描述了小女孩在每个力比多发展阶段中对身体的形象的构造。她在描述的过程中格外注意专属女性的性地带的多元性以及相应的女人性快感的分化。

她的研究可谓分析翔实,问题尖锐。但遗憾的是,就像这场围绕女性性欲的论战中的大部分主角一样,她很少质疑那些规定了精神分析所预设的"成为女人"的历史限定。

七、对精神分析理论前提的质疑

对精神分析提出一些问题或质疑总是会遭到误解,并助长对分析理论的前批评(précritique)态度。但精神分析中的很多要点仍值得被思考,也值得精神分析进行自我反思。女性性欲就是其中之一。若采用精神分析内部争论中的表述,便会产生以下问题:

为什么阴蒂高潮与阴道高潮间的抉择有如此分量?为什么女人还是非要二选一:若她仍停留在阴蒂高潮,就会被定义为"男性化";若她放弃阴蒂高潮并

局限在阴道高潮,那她就会被定义为"女性化"? 这种
观点是否真的成立? 它能否说明女人性欲的进化与
"盛放"(épanouissement)①? 或者说,这是出于把女
人性欲参照(或许)正当的准则和/或男性的参数标准
化的需要,来广泛地判断男人推崇的到底是自体性欲
还是异体性欲? 事实上,女人的性地带并非阴蒂或阴
道,而是阴蒂和阴道、和双唇、和外阴、和子宫颈、和子
宫、和乳房……女性性欲当中生殖性地带的多元性
(如果我们坚持采用这种字眼的话)本能够,也本应该
令人惊叹。

　　为什么女人的力比多构造在青春期之前就已基
本确立,但弗洛伊德及其众信徒却认为"阴道,这个专
属于女性的器官,还尚未被发现"②? 并且,女人具有
政治、经济、文化价值的特征都与母性和母职有关。
也就是说,还没等受社会认可的女性对性别经济的介
入变得可行,也还没等她达到"专属女性的"独特享
乐;人们就已经把分派给女人的性别角色,尤其是这
角色的表现,全都定好了,或几乎全都定好了。难怪

_____

　　①　这个法语单词亦有"愉悦"的意思。——译者注
　　②　西格蒙德·弗洛伊德:《女性气质》。

女人从此只能以"欠缺""被剥夺""妒羡"等身份出现。一言以蔽之,女人被阉割了。

为什么女人的母性职能要高于更明确的性职能? 还是这个问题,为什么她要被迫或主动服从于这种等级森严的选择,哪怕这两种性别角色并没有被充分联结起来? 这种规定在(再)生产的经济和意识形态中确实说得通,但它同样也是对男人欲望的屈服的标志,因为"只有当女人把自己的丈夫转化为自己的孩子,并以母亲的姿态对待他,婚姻的幸福才能够得到保障"[1]。这引发了下一个问题:

为什么女人的性进化要比男人更痛苦且更复杂?[2] 除了把她变成丈夫的母亲外,女人的性进化还会有何种结局? 阴道本身"只有作为阴茎的庇护所和子宫的继任者才能有价值"[3]。换言之,小女孩之所以放弃了自己原先对性地带的客体投注,难道是为了舍近求远,好让自己能够满足男人的永恒欲望:和母亲或某个合适的替身做爱吗? 为什么女人要为了满

---

[1] 西格蒙德·弗洛伊德:《女性气质》。
[2] 同上。
[3] 西格蒙德·弗洛伊德:《幼儿生殖器组织》。

足男人传宗接代的欲望，而舍弃自己的母亲，"憎恨"①她，离开自己家，抛下自己的家庭，抹去自己父母的名字呢？

　　为什么对女同性恋的阐释总是基于男同性恋的模式？女同性恋者像男人一样，渴望拥有一个女人，来充当阳具母亲的替身和/或具备某些能让她想到另一个男人——比如她的兄弟——的特征②。为什么女人不许或不能渴望拥有一个和她一样的男人或女人？为什么母女间的关系必须理解为"男性化"的欲望和同性恋。为什么要这样误解和斥责女人与自身原初欲望的关系？为什么要禁止女人与自身的起源建立联系？为了确保那种唯一的力比多的优势地位，小女孩被迫压抑自己的冲动和原初投注。但她的力比多呢？

　　这与下面这个问题有关。为什么主动与被动间的对立在有关女人性欲的争论中如此顽固？尽管主动与被动间的对立被定义为前生殖期（即口欲期）的特征，但它仍是男女差异的标志——并被染上了心理

---

①　西格蒙德·弗洛伊德：《女性气质》。

②　西格蒙德·弗洛伊德：《一个女同性恋案例的心理成因》。

学色彩①，它同样决定了男人和女人在生育中各自扮演的角色②。这种被动性与施虐-肛门冲动继续维持着何种关系？男人可以有这种冲动，但女人不行，她们遭到压抑。从此，男人成了孩子（产品）、女人（生育机器）和性器（生育媒介）的唯一所有者。并且，强奸（最好导致怀孕）——被某些（女）精神分析师描述成女性享乐的顶点③，因此成了性关系的典范。

为什么女人难以实行升华？难道她仍依赖于父亲的超我诉求？为什么女人的社会诉求都大大"超越了工作合同的规定？难道是受此影响，婚姻才能在父权统治的衰落中维持自身的地位？"④这两个问题或许与下列事实有关：女人被家务劳动奴役，但没有任何一种工作合同能够明确地把她与家务劳动联系在一起，婚姻合同便取而代之。

---

① 西格蒙德·弗洛伊德：《冲动和冲动的命运》，出自《超心理学》，伽利玛出版社（S. Freud, «Pulsions et destins de pulsions», in *Métapsychologie*, Gallimard, Idées.）。

② 西格蒙德·弗洛伊德：《女性气质》。

③ 西格蒙德·弗洛伊德：《女性气质》、海伦·德伊契：《女人心理学》、玛丽·波拿巴：《女人的性欲》。

④ 雅克·拉康：《针对一届关于女性性欲的会议的指导性谈话》。

精神分析在"命运"这一点上要思考的问题远不止这些,尤其是分配给女人的性别命运。而她的命运总是与解剖学和生物学有关,这或许能够解释女人性冷淡的高发以及其他问题。

但女人命运的历史限定值得我们去研究。这意味着精神分析要重新思考自身理论和实践领域的局限,并不得不转而"阐释"那些在不知不觉中对它产生了影响的文化资源、经济资源,尤其是政治资源。精神分析还需要反思能否围绕女性性欲的局部问题展开讨论,毕竟女人在整个西方体系中的地位还没有确立。女人在统治西方几世纪之久的所有制体系、哲学系统和宗教神话中被指派了何种功能?

在这一观点之下,我们可以质疑阳具(大写的阳具)是渴望特权的神的现世形象吗?它因此声称自己是所有话语的终极意义,是真理、财产尤其是性别的标准,是所有欲望的终极能指和/或所指。并且,作为父权系统的象征和代理,它将继续庇护(大写的)父之名的权威。

话语的权威与女性的屈从（访谈）①

问：为什么你的著作一上来就是对弗洛伊德的批判？

答：严格说来，《他者女人的窥镜》（*Speculum. De l'autre femme*）并没有开头和结尾。这个文本的结构，包括其他文本的结构，打乱了线性架构以及话语的目的论。这种架构和目的中没有"女性"的容身之地，只有传统上被压抑和查禁的女性。

并且，以弗洛伊德"开始"并以柏拉图"结束"本身就是在"回溯"历史。但颠倒历史并不能解决女人的问题，所以我们不该仅仅止步于此。这就是为什么在"中部"章节，即《镜子》②中，这种颠倒似乎消失了。

---

① 原文发表于《辩证》第 8 期（«Pouvoir du discours/subordination du féminin», in Dialectiques, n° 8.）。

② 《他者女人的窥镜》共分三部，上部讲弗洛伊德，下部讲柏拉图，颠倒了历史的先后顺序。但中部《镜子》则是按正常的时间顺序论述的。——译者注

关键在于打乱只以男性为参照,即以男权主义秩序为根据的呈现顺序。这并不意味着颠倒,而是由未被男权主义秩序完全掌控的"外部"(dehors)入手去打乱和改变,因为这最终还是会回到同一(Même)。

但还是回到你的问题上来:为什么批判弗洛伊德?

因为弗洛伊德为建立一套性欲理论,揭示了某种一直在运转但却一直被隐藏、掩盖、无视的事物:支撑着所有科学的真相以及所有话语的逻辑的性别无差异(indifférence sexuelle)。从弗洛伊德定义女人性欲的方式上就可以清楚地看到这一点。实际上,对女人性欲的定义从来都只以男性为参照。性别差异体现在性行为,以及更为普遍地体现在统治社会和文化运转的想象和象征过程中。但弗洛伊德认为根本不存在两性。"女性"总是被描述为缺陷、萎缩、男性这种垄断所有价值的唯一性别的反面。所以才有了那大名鼎鼎的"阴茎妒羡"。怎么能够接受女人的性发展完全是因为缺少男性性器,从而妒羡、嫉妒和需要男性性器呢?这是否意味着女人的性发展永远都无法以女性自身为参照?所有对女性性欲的描述都忽视了女性也可以有其"特质"的事实。

　　还需要再重复一遍吗？……弗洛伊德一开始就写道：小女孩不过是一个小男孩；对于女孩而言，阉割意味着接受自己没有男性性器的事实；女孩抛弃自己的母亲，"憎恨"她，因为她原本以为母亲拥有那个有价值的性器，却发现母亲根本没有；因此，她不仅排斥母亲，还排斥所有女人，包括她自己；于是女孩转向自己的父亲，希望能获得包括她在内的所有女人都没有的阳具；对于一个女人来说，想要拥有一个孩子意味着想要获得男性性器的等同物；女人间的关系不是为了争夺"男性性器"而针锋相对，就是同性恋情况下对男人的认同；女人对社会事物的关注只是为了获得和男性一样的权力；等等。这些论述都与女人无关：女性只能被定义为男性性欲运作所需的必要补充，或一个通过菲勒斯的自我再现来确保男性性欲的无缺陷的否定项。

　　然而，弗洛伊德描述的是事实状态，他既没有捏造某种女性性欲，也没有虚构某种男性性欲。他以"科学家"的方式来阐释。但问题在于，他没有考虑到影响他手中资料的历史限定。比方说，他把自己看到的女性性欲当作一种常态（norme）。他根据女人的个体经历来阐释她们的痛苦、症状和不满,却没有思考女性"病理"与某种社会和文化状态间的关系。这往往会导致女人的诉求被禁止言说,从而让女人再次屈从于父权统治下的话语及其律法。

弗洛伊德身陷父权的权威与意识形态,这导致他的理论存在某些自相矛盾之处。

比方说,为了迎合男人的欲望,女人必须等同于他的母亲。也就是说,男人在某种程度上变成了他孩子的哥哥,他们拥有同一个爱的客体。在这种情况下,俄狄浦斯情结该如何化解? 在弗洛伊德的观点中,性别差异的问题是否与之相关?

弗洛伊德借助于解剖学并将其作为无法辩驳的真理标准,这种"症状"同样可以证明弗洛伊德的话语属于非分析的传统。然而,一门科学永远不会完结,科学亦有其历史。并且,科学资料可以有多种阐释方式。但这无法阻止弗洛伊德用病理解剖学需要,尤其是生殖需要,来合理化男人的侵略主动性和女人的被动性。大家现在知道,卵子并不像弗洛伊德描述的那样被动,它给自己选择了一颗精子,而不是被精子选择。这种现象同样可以迁移到心理和文化范畴……弗洛伊德还表示,阴茎的价值在于它是生殖器官。但女人的各个生殖器同样参与生殖，甚至更加不可或缺，却无法从中获得相同的自恋优势。并且，弗洛伊德为论证性发展所参考的解剖学知识几乎全都与生殖有关。一旦性功能脱离了生殖功能，将会发生些什么？弗洛伊德显然没有思考过这个问题。

但弗洛伊德在描述女人性发展时不得不借助于解剖学来捍卫自己的理论立场。"我们还能怎么办呢？"对此，弗洛伊德套用拿破仑的话①，然后写下"解剖，就是命运"。自此，打着解剖命运的旗号，女人们被形容成在力比多上天生不占优势，经常性冷淡，没有攻击性，没有施虐倾向，没有占有欲，从卵巢雌雄同体的概率上看都是同性恋；除非她们以"交叉遗传"②的方式参与社会价值，否则就会被排除在外，等等。简而言之，女人被剥夺了自身的性别价值。关键在于，我们不知道为什么这要被算到"天性"头上，也不知道这是谁做的。

---

① 拿破仑的原话是"地理，就是命运"（La géographie c'est le destin.）。——译者注

② 交叉遗传（hérédité croisé）是基因在男女性别中交叉传递的遗传方式，即亲子代之间男传女、女传男，最终往往呈现出女孩像父亲、男孩像母亲的遗传效果。——译者注

问：你对弗洛伊德的批评是否会演变为对精神分析理论与实践的质疑？

答：我这么做绝不是为了回到对精神分析的前批评态度，也不是为了宣称精神分析已失去效力，而是为了调动那些仍无法发挥作用的蕴涵。尽管弗洛伊德的理论确实撼动了话语的哲学秩序，但矛盾的是，他的理论在性差异的定义问题上反而屈服于这种哲学秩序。

比方说，弗洛伊德强调后遗（après-coup）、超定（surdétermination）、自动重复和死亡冲动等现象，并在他的理论与实践中指出无意识机制对"主体"语言的影响，从而打破了"在场"（présent）和"在场"（présence）这类概念①。但他本身就是某种逻各斯体系的囚徒，所以他根据同一（Même）的先验来定义性别差异。为了支撑他的论述，弗洛伊德总是借助于相同的手段：类比、比较、对称、二元对立等。他不加质疑地利用某种"意识形态"，并表示"男性"就是性别的

①　这里的两个"在场"，前一个指"在场"这一性质，后一个指"在场"这种状态本身。——译者注

模范,所有欲望的再现都只能以它为标准并服从于它。在此过程中,弗洛伊德展现了对再现场景的预设:性别无差异支撑着再现场景,并保证其逻辑严密且有始有终。于是他间接提议要对此展开分析。但他没能建立起无意识体系与性别差异间的互通关系。这一理论和实践上的缺陷会反过来限制无意识场景。或者,何不将其作为无意识场景的阐释杠杆(levier d'interprétation)呢?

于是我们不禁要问:无意识的某些属性是否真的无法以被意识的逻辑所查禁的女性为参考? 女性是否拥有无意识? 女性是否就是无意识? 等等。这些问题迟迟得不到解决,对女人展开精神分析便成了要让她们适应男性社会。

如果一种文化不再压抑女性,那精神分析的种种概念会发生怎样的变化? 这个问题的确值得思考。承认"独特的"女性性欲就是在质疑男性——归根到底就是父亲——对价值的垄断。在父权象征系统之外,俄狄浦斯情结又会有何含义?

但现如今制定律法的秩序确实是这种父权秩序。否认父权秩序和任由它统治却不思考它何以统治一样天真。弗洛伊德——或往大了说,整个精神分析理论——将性欲问题作为论述的主题和对象,但他并没有因此阐释什么是话语本身的性别化,尤其是他自己的话语。弗洛伊德在女性性欲的问题上坚决采取"男性"观点并漠视女分析师们的理论贡献,这便是证据。在性别差异的问题上,他并未分析话语产生的前提。换言之,在弗洛伊德的理论与实践中,再现场景并不涉及该场景的性别限定。缺少了这一关联,弗洛伊德的部分贡献——在性别差异问题上的贡献——仍停留在形而上的先验层面。

　　问:……这就是为什么你要以阐释的方式重读那些哲学史上的重要文本?

　　答:是的。因为只要不想天真地——有时也可能是战术性地——停留在局部或边缘位置,那就要质疑并打破哲学话语,因为它为他者制定律法,并成了对论述的论述。

　　所以我们要重回哲学话语,去思考:是什么创造了它的系统性威力和凝聚力? 是什么让它得以展现? 是什么普及了它的规则和价值? 答案就是它的主导地位,以及它能够恢复历史的多元生产。

　　然而,哲学逻各斯的统治地位很大程度上源于它能把所有他者划归到同一体系中的能力。哲学逻各斯不仅以建构为目的,还想要把他者转移、误导、简化为同一。并且,它尽可能地在"男性主体"自我再现的系统中消解性别差异。

　　这就是为什么必须要"重新敞开"哲学话语中的元素——理念、实体、主体、超验主体性、绝对知识——才能重现哲学话语从女性那里借去的东西,并让其"偿还"对女性的亏欠。这可以有多种实现途径、多条"路径"。并且,至少要有好几种途径才行。

　　途径之一便是思考系统性本身的成立条件,但无论话语在谈论什么,话语表述的连贯性都用生产条件掩盖了成立条件。比方说,"物质"能够滋养言说主体(sujet parlant)进行生产和再生产;舞台布景(scénographie)能够实现哲学定义下的再现,即剧场的结构、时空的拼接、几何结构、舞台陈设、演员、他们各自的站位、他们的对话,甚至是他们之间的悲剧关系。不要忘了还有镜子,它往往被掩盖,但它能够让逻各斯和主体重复和反射自身。所有介入到场景中的、未经阐释的事物保障着场景的严密结构。所以必须要让这些事物在哲学话语的每种元素中重新活动，才能让话语解除"在场"的价值的锚定。每一位哲学家——从哲学史上每一阶段的代表性哲学家们开始——都应该思考如何与物质关联切断，思考系统的装配及反射经济的运作。

在以阐释的方式重读这些哲学文本的过程中，我采用的一直是精神分析的方法。所以我关注每种哲学或许还包括普遍意义上的哲学思想中的无意识概念。我倾听哲学对语言（langage）的压抑与结构；语言支撑起再现，分辨对与错、真理与荒谬等。但这并不意味着我们必须一丝不苟地阐释哲学话语里的象征，因为这根本无法触及"起源"之谜。我们应该思考每种话语元素的"语法"运作方式、它的句法规则或必要性、它的想象结构、它的隐喻之网，当然还包括它没有说出口的言语，即它的沉默。

但正如我们所见，尽管精神分析得到了语言学的助力，但它仍然无法解决女性与话语间的关系问题，哪怕弗洛伊德的理论通过场景的不断重复——至少是有关两性关系的场景的不断重复——清楚地展现了女性在这种场景中的作用。这一作用仍然是"摧毁"话语的运转机制。这并非一件简单的事……因为,我们如何才能进入如此严密的系统内部呢?

　　起初或许只有一条"道路",也就是有史以来就被指派给女性的那条道路:模仿(mimétisme)。这意味着刻意扮演女性的角色。这就是把屈从扭转为控诉,从而开始打破屈从的境遇。对于女性而言,拒绝这种境遇仍然就是要求以(男性)主体的身份言说,也就是要与维系着性别无差异的理性建立联系。

　　因此,对于一个女人而言,玩弄模仿的目的是找回她被话语剥削的那个地点,但又不让自己只是沦为被剥削的对象。这意味着要在身处"感性""物质"一边时再次臣服于"观念"……尤其是与她有关的观念,这些观念建立在男性逻辑之上或被男性逻辑构建,但它们的目的是通过玩笑式的重复来"展现"那些原本被掩盖的事物,以通过女性可能的语言活动将其恢复。这同样"揭示"了如下事实:女人之所以模仿得如此逼真,是因为她们并没有被简单地吞没在这种功能之中。她们还停留在别处:这既是"物质"的另一要求,也是"享乐"的要求。

　　"物质"的别处(ailleurs de «matière»):女人们之

所以能将模仿的技巧玩弄于股掌之间,是因为她们能够维持其运作,难道她们一直滋养着其运作吗?模仿的"第一"要务不就是再-生产自然、给自然赋形继而将其占为己有吗?维护并实现模仿资源的人不正是作为"自然"守护者的女人吗?她们这么做是为了男人们,还是为了逻各斯?

在这里,在内部推翻阳具秩序的设想永远有可能实现。相似性永远离不开鲜血。母亲-物质-自然永远都要滋养思辨。但这种资源-源头同样被当作思考的废料而被丢弃,被排除在抵抗它的事物之外,就如排除疯癫。这种机制并未触及女性享乐,除了阳具乳母招致的矛盾心态之外。

女性享乐的"别处"或许就在女性享乐在有待找回的超验中维持着绽出(ek-stase)之处,它为从"男性之神"那里推论出来的自恋心理做担保。它履行这项职能的代价就是无法彻底避免被窥探并丧失无法自我再现的"贞洁"。享乐必须在语言中,在它的语言中,保持模糊不清的状态,否则就会威胁到逻辑运转的根基。所以女人如今最被明令禁止的行为,就是试图说出她们的享乐。

只有穿越支撑着全部思辨的镜子，才能找回女性享乐的"别处"。女性享乐既不完全在镜子之内（en deçà）——对所有语言而言都晦涩不明的经验领域，也不完全在镜子之外（au-delà）——"男性之神"自我满足的无穷之境。女性享乐把所有范畴和分裂都当作阳具欲望在话语中自我再现的必要条件。女人若能谈笑风生又扑朔迷离地穿越镜子，便可以找回她那"自我感发"之地。或者说找回她的"神"。如果这个神的两重性得不到承认，那向此神求助必定会让女人重新回到男权经济之中。

问：穿越话语去找回"女性"之地是否必须要对语言进行加工？

答：实际上，这并不意味着要采用那种逻辑必须严密的言语形式来阐释话语的运作。所有关于《他者女人的窥镜》的意见和讨论都面临着这一风险，甚至更为广泛地，所有关于女人的问题也都面临着这一风险。因为言说女人（parler de la femme）或围绕女人言说（parler sur la femme）总会回到（或被理解为）让女性重回压抑、查禁、无视她的逻辑之中。

换言之,问题的关键不在于建立一套以女人为主体或客体的新理论,而在于阻止理论本身的机械化,并让理论不再追求借助大量的单义来生产某种真理或意义。这意味着女人们并非想要在知识领域与男人们相匹敌,她们也不想通过构建一种仍参照本体-神学-逻辑(onto-théo-logique)模式的女性逻辑来与男性一较高下。她们反而试图摆脱逻各斯体系来处理这一问题。所以她们并没有提出"女人是什么?"这样的问题。女人们反复-阐释女性是如何在话语中被定义为欠缺、缺陷或对主体的模仿和反向再生产的,她们想要借此说明女性在这种逻辑中有可能是一种颠覆性的过剩(excès)。

只有女性不放弃自己的"风格",这种过剩才能摆脱常理。当然,从传统观念上看这种风格不算风格。

这种女性"风格"或"写作"把人们钟爱的词语、专有术语和构建好的形式付之一炬。这种"风格"推崇触觉而非视觉,它让所有形态回归其根源。在这种风格中,女人自我反复-触碰,却不曾建构,也不曾把自己建构为某种单位。同时性(simultanéité)或许是其"特性"。在任何形式的自我认同中,这种特性从未被固定下来,而是一直在流动。并且,两个无限靠近的事物之间的摩擦能够产生动力,但这种摩擦的特征很难被理想化。女性的"风格"抵抗并打破任何一种牢不可破的形式、形态、观念或概念。不要被无法想象这种风格的话语所误导,这并不意味着女性风格什么都不是。但女性风格的确无法充当某种论点,也无法作为某种立场的客体。

尽管"自我触碰"的动机和"接近"的动机遭到孤立或被简化为言语,但我们仍能从中看出一种尝试让女人适应话语的意图。我们还需要考察"自我触碰"——这种触碰,以及对近邻而非自身的这类欲望,是否并不涉及某种无法简化为中心化(centrage)或中心主义(centrisme)的交换模式,毕竟女性"自我感发"所需的"自我触碰"以在两者间不停穿梭的方式发挥着作用,并且相近性在其中混合了一切一致性、一切适应过程。

但如果这只是一些未在语言上做过工作的"动机",那话语经济便会继续存在。那要如何定义这项给女人留有一席之地的语言工作？这么说吧，任何既二分又重复的断裂都应该被打破，陈述行为（énonciation）与陈述内容（énoncé）间的断裂也不例外。我们说，没有任何既未被逆转，也无法回到这种逆转的补集中的事物是被确定的。换言之：话语和文本的正与反将不复存在，取而代之的是正反间的过渡，这么做的目的是让那些抵抗这种作为理性根基的正反结构的事物也能够被"听到"①。如果这适用于所有确定的意义（词语、言语、句子，还包括音素、字母……），那最好让线性阅读也不复存在，也就是要从尾到头地回溯词语、言语和句子，从而消解目的论的威力，即便是亡羊补牢。并且，这同样适用于语言当中水平与垂直结构间的对立。

这样操作的前提条件是每一"时刻"都要阐释话语的关键性的镜面反射，也就是主体在话语中的（可预设的）自我反射经济。这种经济维系着感性与理性间的割裂，继而让"女性"永远处于顺服、屈从、被剥削的境遇。

_____

① entendre，亦有理解、领会之意。——译者注

　　这项语言工作试图打破话语的全部操纵，否则便无法对话语产生任何影响。但要打破的不一定非要是言语，而是其自指涉（anto-logigue）的预设。这样便可推翻菲勒斯中心主义和菲勒斯独裁主义，让男性回到他自己的语言中，并保留另一种语言的可能性。这意味着男性不再是"全部"（le tout）。他们再也不能独自定义、操纵、限定全部（所拥有的）特征。他们也不再享有定义全部价值的权力以及在侵占上的过度特权。

　　问：这种对哲学问题秩序的阐释以及这种在语言上的工作是否涉及某个政治问题？

　　答：鉴于哲学话语的政治本质，任何针对哲学语言的操作都会间接涉及某些政治因素。

　　第一个要提出来的问题是：女人如何才能在男性制定的秩序中分析她们遭到的剥削并书写她们的诉求？女性政治是否可能？要想实现这种女性政治需要对政治本身的运作进行何种改造？

　　因此，女性运动再次对政治生活的各种形式与本质以及当下权力间与力量关系间的博弈游戏发起挑战，这样的举动切实改变了女人的地位。相反，如果这些女性运动只是想要推翻现有的权力分配并为自己夺取权力，却不想改变这种权力结构，那这些运动将重回男权主义秩序，不论这是否是其本意。所以我们更应该坚决抵制这种行为，尤其是因为这种行为就是在以一种更加巧妙的方式暗中剥削女性。这种行为利用了认为只要是女人便可置身于菲勒斯权威之外的天真想法。

但这些问题相当复杂，况且这并不意味着女人要放弃追求社会权力的平等，这让问题变得更加棘手。如何协调对平等和差异的双重"诉求"呢？

我们绝不能接受将"阶级斗争"与"性别斗争"作为一对两难抉择，因为这会让女性遭到的剥削在男性对权力的界定中慢慢消解。更确切地说，这是过分简单地让女性"政治"向男性斗争看齐，从而无限期地推迟它的到来。

在这一点上，阶级间经济压迫系统和父权的经济压迫系统之间的关系似乎并没有得到充分的辩证分析，并且，这导致了等级结构的再次出现。

　　然而"历史上的首次阶级对立与一夫一妻制中发展出来的男女对立同步发生；首次阶级压迫也与男性对女性的压迫同步发生"（恩格斯：《家庭、私有制和国家的起源》）。或者说"分工包含着所有这些矛盾，而又以家庭中自然形成的分工以及社会分裂为互相独立且对立的家庭这一点为基础。这种分工还涉及劳动和劳动产品的分配。这种分配无论从数量上看还是从质量上看都是不平等的；因而产生了所有制，而所有制的最初形式，也就是它的萌芽，出现在家庭当中，在那里妻子和孩子是丈夫的奴隶。这种十分原始且隐蔽的家庭奴隶制就是最初的所有制。而这种所有制完全符合现代经济学家所下的定义，即所有制是对他人劳动力的自由支配"。（马克思，恩格斯：《德意志意识形态》）首次对立、首次压迫、最早出现的形式、最初的所有制和萌芽……这些不过是历史的"初期"，甚至是"起源"的诞生期，为什么不说成是神话呢？但最初的压迫至今仍然有效；问题在于如果按照唯心主义的逻辑，最初的压迫必须与其他压迫二分开来，使两者相互对立，一方从属于另一方，那我们该如何将两者联系在一起？

因为父权秩序的确是在通过管理和垄断私有财产来造福一家之主。一家之主的专名,即父之名,决定着所有权的分配,包括女人和孩子的所有权的分配。女人和孩子必须接受这样的要求:女人要接受一夫一妻制,孩子要接受男性亲缘关系的优先权,尤其是长子的优先权。这么做一方面是为了保证"大量财富都集中在一人手中,也就是男人手中",另一方面是为了"通过继承把这笔财富留给这个男人而非其他男人的孩子";这当然"丝毫不妨碍公开或隐瞒的一夫多妻制"(恩格斯:《家庭、私有制和国家的起源》)。所以,要想分析女人遭遇的剥削怎能不去分析侵占的模式呢?

这个问题现在仍然存在,但其必要性发生了改变。实际上,男女关系开始逐渐摆脱父亲或母亲的职能的掩盖。或者更确切地说应该是男人-父/母职能:在过去,男人因为要参与公共交换,所以从未被简化为单一的生殖功能;而女人因为被监禁在"家庭"这个私有财产之地中,所以只能扮演母亲的角色。但现在不仅女人进入了生产循环,而且——还有?——避孕和堕胎得到了普及,这让女人能够实现她过去根本做不到的事情:做女人。尽管避孕和堕胎往往只是一种控制甚至是"操纵"生产的可能性或"自愿"成为母亲的可能性,但这并不妨碍女人的社会地位会因此而发生改变,男女间社会关系的模式也会随之改变。

但脱离了生殖功能的女人对应着何种现实? 女人似乎拥有两种角色,但这两种角色有时或往往相互对立。首先,女人有可能是男人的等同物(égale de l'homme)。在或近或远的未来,女人将拥有和男人一样的经济、社会和政治权利。她将成为潜在的男人。其次,女人在交易市场上——尤其或特别是在性交易市场上——仍需要保留并维持所谓的女性特质。女人的价值一方面源于她所扮演的母亲的角色,另一方面源于她的"女性特质"。但这种"女性特质"实际上是男性再现系统强加给女性的一种角色、一种意象和一种价值。在这种女性特质的假面中,女人丧失了自我,迷失在对女性特质的扮演中。即便如此,女人仍被要求努力劳作,却得不到回报,除非她能从被男性"主体"挑选为消费和觊觎的对象中获得快感。女人除了成为"非卖品",还能怎么办呢?

在我们的社会秩序中,女人是被男人使用和交换的"产品"。女人的地位就是"商品"的地位。这种被使用物和被交易物怎能要求获得发言权甚至是参与交易呢?众所周知,商品无法自行进入市场,哪怕它会说话……所以女人就只能像这样成为不被我们的社会和文化所认可的"基础设施"。性别化了的女性身体的使用、消费和流通保障着社会秩序的构成和再生产,但女性从未以"主体"的身份参与其中。

因此,女人在性交易乃至经济、社会和文化交易中被专门剥削。女人只能以交易物的形式"进入"交易,除非她愿意放弃自身的性别特质。而且女人的性别"身份"是以她所陌生的男性模式为参照并强加在她身上的。女人只有借助切断了她与自身以及其他女人的关系的男性再现系统才能获取语言,这导致女人在社会中的低微性被加深并被复杂化了。"女性"只能由男性定义。反之则不然。

但如今女性遭到专门压迫的境遇或许能让她们建立起一种"政治经济学批评",因为她们既置身于交换法则之外,又以"商品"的身份参与其中。而这种政治经济学批评不可避免地会涉及话语批评,因为这种批评的实现离不开话语，尤其离不开话语的形而上预设。这种批评或许能以另一种方式来阐释话语体系对生产关系分析所产生的影响。

如果停止对女人身体-物质（corps-matière）的剥削，那主导社会的象征体系将会怎样？如果女人这种必须失语的消费品或交易物变成了"言说主体"，象征体系及整个社会将会发生什么变化？这种改变绝不是参考男性"模式"——或者更确切地说是男权主义模式。

这势必会影响到如今制定规则的话语，而这种话语是包括性别差异在内的一切事物的立法者，所以它想象不到还有女人这种性别、这类他（她）者存在。

女人皆如是[①]

> "那个我假定拥有知识的人，才是我爱的人。"
>
> "她们不知道她们自己在说什么，这便是我与她们之间的全部差异。"
>
> 雅克·拉康
>
> 《再来一次：研讨班二十》
>
> (Encore，Le Séminaire XX)[②]

精神分析有关女性性欲的论述都是真理论述。这种论述说出了真理逻辑的真相，即女人只存在于男

---

① 原文发表于《维尔》1975 年 8 月，第 2 期。(«Cosi fan tutti», in Vel，n° 2, août 1975.)(《女人皆如是》原本是莫扎特的一出歌剧。——译者注)

② 本章中的引文皆出自拉康的《研讨班二十》。

性主体所规定的模式和法则内部。这意味着两性其实并不存在，而是只有一种性别，只有一种性实践和性再现。女性则支撑着男性的历史、必要条件、反面、欠缺、否定……

这种阳具模式具有父权社会和父权文化所推崇的价值，这些价值被纳入哲学语境：属性、生产、秩序、形式、统一体、可见性……还有建立①。

精神分析在某种程度上不自觉地重复着西方传统及再现这一传统的场景，从而揭示了这种传统的真理，而且是与性有关的真理。

弗洛伊德认为"成为一个正常的女人"只有而且只能有一种动机，那就是"阴茎妒羡"，即想要拥有垄断所有文化价值的性器的欲望。因为女人没有这种性器，所以她们只能妒羡男人的性器。又因为女人无法拥有阳具，所以她们只能去寻找阳具的替代物。女人只能在母职和生育中实现这一愿望。为了让女人的幸福能够圆满，孩子作为"阴茎的替身"，本身就要

---

① érection（建立），亦有勃起之意。——译者注

拥有阴茎。弗洛伊德认为，能否完美地成为女人，取决于女人能否复制男性性别而置自身性别于不顾。实际上，女人永远无法真正地走出俄狄浦斯情结。她永远执着于对父亲的渴望，服从于父亲及其律法。因为她害怕失去父亲的爱，毕竟这是唯一能够给予她些许价值的事物。[1]

　　精神分析若能将话语本身作为研究对象，那有关女性性欲真相的真相将会更加准确。而解剖再无一席之地，它不再能被用作真实存在的性别差异的不在场证明。两性只能通过各自的语言限定来定义自身。但不要忘了，语言的规则几个世纪以来都一直是由男性主体制定的。

　　所以说："女人只能被事物的本质，也就是词的本质，排除在外。不得不说，如果现在有什么事让女人强烈不满的话，那就是这件事了。她们不知道自己在说什么，这便是我与她们之间的全部差异。"

---

　　[1]　本书第三篇《回到精神分析理论》陈述了弗洛伊德有关女性性欲的观点，对这些观点的批判详见《他者女人的窥镜》。

　　这已经说得很清楚了。女人被排除在外。她们会对此心生不满……但他的话语能够解释女人为什么被排除在外，毕竟他是立法者，"这便是我与她们之间的全部差异"？女人被排除在外的处境也因此延续。她们摆脱这种处境的希望极其渺茫。因为，这已经内化于一种任何事物都无法挣脱的秩序之中，即男性话语的秩序。面对"他或许并非全部（tout）"的质疑，他回应道，女人们才是"非完全"的（pas-toutes）。

　　没有任何一种实在能够毫发无损地从这种包裹万物的投射装置中活着脱身。任何"身体"都会发生变形。这是"主体"拥有"身体"的唯一方式，在此之前，主体在幻想中已经将"身体"切分、加工、扭曲、折磨。可怕的是他根据幻想制定律法，甚至混淆了幻想与任何实在都无法抵抗的科学。他的话语已经限定了一切。

　　"前话语实在（réalité pré-discursive）根本不存在。每一种实在都是由一种话语创建和界定的。所以我们必须了解分析话语的构成要素，还不能否认以下事物，尽管它有些微不足道，即当谈起动词'干'（foutre）所完美阐述的事物时，我们在分析话语里都说了些什么。我们在这里谈论'干'（也就是英语中的动词 to fuck）并说这行不通。"

这行不通……那就从逻辑指令说起吧。在现实中构成问题的事物，在逻辑中被合理化，因为逻辑早就把现实安排成了这样。任何事物都逃脱不了这条法则的循环。

如此一来，如何定义女人这种对话语有一些抵抗的"现实"呢？

"这些'非完全'的女人（ces femmes pas-toutes）并不是通过身体，而是通过逻辑要求在言语中所产生的结果才成为性化存在（être sexué）的。事实上，语言存在且存在于它所作用的身体之外，而逻辑与连贯性均铭刻于上述事实之中。或者（如果可以这样说），是具化为性化存在的大他者向女人逐个①提出了这样的要求。"

因此，女人的性别化源于逻辑的要求以及超越身

────────────────

① 拉康在上文中写道："上述诸多空间可以一个接一个地（un par un）被数清——既然我们在谈论另一极，那就把它变成女性/阴性，变成一个接一个地（une par une）。"——译者注

体的语言的存在。不论如何,语言为了(如果可以这样说)具化性化存在,需要一个接一个地占有女人。也就是说,女人并不存在(la femme n'existe pas),而语言存在;女人并不存在,是因为语言——某一种语言——是统管一切的主宰者;而女人——某种"前话语实在"?——可能会扰乱语言的秩序。

并且,女人之所以维系着这些"言说的存在"的欲望,即男人的欲望,正是因为女人并不存在:"一个男人只能在话语中被定位寻找一个女人。这会令你感到奇怪,因为,如果我的观点是正确的——女人是非完全的——那在她身上就总有一些东西逃脱了话语。"

男人寻找女人,所以他早就把女人铭刻在话语之中,只不过是作为一种欠缺或缺陷。

精神分析,就其最严谨的逻辑而言,或许是一种否定神学?或者说是对否定神学的否定?这种欠缺便是欲望的来源。

在否定神学的运动中,精神分析同样忽视了投

射:上帝不关心世俗的谓词(prédicat)和任何谓述
(prédication)。阳具障碍能够避免所有权的丧失,而
大他者仍将停留在其诞生之地。

　　但对于一位精神分析师来说,摆脱身体并不总是
件简单的事。如何把身体放到逻辑结构中去呢?

　　还好有女人。尽管这些非完全女人并不是通过
身体——至少是她们的身体——才成为性化存在的,
但她们仍将承担客体小 a,即身体的剩余物的功能。
在话语中且通过话语形成的女人的性化存在还是语
言运转所产生的剩余产品的寄存地。为此,女人仍要
是副没有器官的身体。

　　因此,精神分析师根本不关心与女人性地带相关
的事物:"所以我们用我们能想出的任何名字来称呼
这种阴道高潮,我们谈论子宫口的后端或其他蠢
东西。"

　　女性快感的地理不值得被听见。女人也不值得
被听见,尤其是当她们试图讲述自己的快感时:"她们
不知道自己在说什么""女人对这种享乐一无所知"
"我提出的观点之所以正确,是因为我们恳求她们,跪
下来恳求她们——我上次提到的那些女分析师——

试着告诉我们答案吧,但她们却守口如瓶。我们从未在她们那里得到任何东西""我们的同事,女分析师们,从不告诉我们女性性欲⋯⋯的全部!这实在令人震惊。她们丝毫没有推动女性性欲问题的研究。这势必有其内因,而这个内因与享乐机制结构有关"。

在他的逻辑中,女人能否想说什么就说什么,或者能否被听见,这个问题根本无人问津。这个问题或许意味着接受另一套逻辑的存在,而这套逻辑会推翻他的逻辑,也就是质疑他的统治权。

为了避免这种情况,我们应该把享乐的权利给予一座雕像①:"只需要去罗马看看贝尼尼的雕像,你就能立即明白圣特雷莎正在享乐,这点毫无疑问。"

去罗马?这么远?去看?女圣人的?一座雕像?还是由一个男人雕刻而成的?这是何种享乐?是谁的享乐?就特蕾莎的享乐而言,她自己的著作或许更能说明问题。

----

① 即"圣特蕾莎的狂喜"。这是巴洛克时期意大利雕塑家吉安·洛伦佐·贝尼尼的著名雕塑作品,位于罗马维多利亚圣玛利亚教堂中的科罗纳罗小礼拜堂,描绘了圣特蕾莎通灵时的奇异瞬间。"狂喜"亦可理解为享乐,即高潮。——译者注

　　但一个"男人"如何"阅读"这些著作呢？各种冲动①往往过早发生，这导致男人尽管想要了解女人，却错失了了解她的享乐的机会。

　　以及……为他而进行的享乐？

　　但性关系因此无法理清，这让他得以继续说下去："对于言说的存在而言，两性间的关系根本不存在。只有在这一基础上，填补这一关系的事物才能够被阐明。"

　　所以，如果两性关系存在，那迄今为止的所有陈述是否都是因回避两性关系而产生的效应-症状（ef-fet-symptôme）？即使我们已经了解了这一点，但听到别人这么说，那就是另外一回事了。所以在这些女人-雕塑（femme-statue）的享乐问题上必须保持沉默，而他的欲望逻辑只能接受这样的女人-雕塑。

　　"这是什么意思？这么重要的一个领域就这样被忽略了②。这个领域是所有具有女性身份的存在的领域，如果这个存在为自己的任何命运负责的话。"

───────────

　　①　jaculation，亦有射精之意。——译者注
　　②　拉康在上文中谈到，弗洛伊德声称只存在男性力比多，并搁置了"女人想要什么？"这一问题。——译者注

这个"存在"如何才能做到这一点？毕竟它处于某种话语之中，而这种话语在"本质"（essence）上排除了它自我言说的可能性。

因此，需要裁定它与"身体"的关系以及主体享受身体的方式。这是个微妙的经济问题，因为这里面暗含着无意义（non-sens）。"换言之，这意味着爱是不可能的，性关系落入了无意义的深渊，这丝毫不会减少我们对大他者的兴趣。"

所以我们应该谨慎地上床。"我们必须局限于只是给它一点挤压，就像这样，用前臂或其他东西——哎哟！"

就为了这么点事吗？痛苦？惊讶？撕裂？这一部分或许还没有"以一种能指的方式形体化"？也还没有完全转化为"享乐的实体"？

"精神分析的经验所预设的不正是身体的实体吗？这一实体只能由自我享乐者来自我界定。这是活着的身体的一种属性，但除了说身体是自我享乐的事物之外，我们并不知道活着意味着什么。它只有以一种能指的方式将身体形体化才能自我享乐。这意味着在广延实体中，除了彼此外在的各部分，还有其他事物。正如萨德这种康德主义者所强调的那样，我们只能享受大他者身体的一部分，原因很简单，我们从未见过一副身体完全将大他者的身体包裹在内，乃至将其环绕和吞噬。"因此，重要的是"享受一副身体（le jouir d'un corps），这副身体象征着大他者，它或许还包含着一些自然的东西，能帮助我们确立另一种形式的实体，即享乐的实体"。

"哎哟！……"从另一边来。为了完成这项改-造（trans-formation），我们需要经历哪些过程？我们要被肢解成好几"部分"，"被捶打"、"被反复敲击"上多少次……才足以成为能指？成为实体？但我们对此种种一无所知。也几乎没有经历过……

但"享乐有一个基本特征：总而言之，一个人的身体享受大他者身体的一部分。但这一部分同样在自己享受，大他者对此欣然应允，但实际上大他者做不到无动于衷"。

的确如此。欣然应允。但对他而言，这似乎并不是问题。他的问题在于一副身体获取剩余享乐（le plus-de-jouir）的方式。

剩余享乐？剩余价值（plus-value）？这种知识中

快感的首要地位不该(如果可能)让人遗忘理解它所
需的时间……你若跳过这段时间,那你的无知(igno-
rance)便会赋予(他的)逻辑以剩余的享乐(plus-de-
jouissance)。因此反而导致不足的享乐(le moins-de-
jouir),或者不足的知识。但他享有的比你多,仍然如
此……因为你太快被迷惑,过早地得到满足(?),你只
能无可奈何地成为他的话语所享有的剩余价值的
帮凶。

此时,剩余享乐关乎大他者的身体。对作为言说
主体(être parlant)的主体而言就是,言说它的人的剩
余享乐。

所以,这并不涉及她的身体,"亲爱的女人"。这
其实是在说女人被迫承受着不自觉的语言运作。要
知道她对发生在自己身上的事情一无所知……

他还解释道:"这就是为什么我认为对无意识的
非难是一种难以置信的仁慈之举。他们知道,他们知
道,主体们当然知道。然而,他们并非无所不知。在
这一'非完全'(pas-tout)层面上,只有大他者是不知
的。'非完全'正是由大他者构成的,确切地说,大他

者是'非完全'中'完全不知'①(pas-savant-du-tout)的一部分。让大他者来暂时负责或许是种方便的办法，这便是分析以最直接的方式介入的结果，但根本无人在意。如果只有男性力比多，那亲爱的女人只有借助男性力比多才是完整。换句话说，男人只有通过男性力比多才能看见女人，而亲爱的女人也只有通过男性力比多才能拥有某种无意识。"

也就是说：女人只有男人给予她们的无意识。所有权的归属一清二楚，只不过没有人注意到这一点。因此，对于男人而言，享有一个女人，对一个女人进行精神分析，就是收回他先前借给女人的无意识。但她还在偿还，继续偿还……用自己的身体还债。

男人通过幻想来勾销这笔令他难以忍受的债务，他幻想着女人想要得到他的某个身体部位，也就是他最宝贵的那个部位。这次轮到他跳脱出逻辑了。女人对某件事物的渴望取决于男人"嫁祸"给她的无意识。她只想要拥有男人给予她的价值物。如果他忘记了谓词——他的种种谓词——成立的时刻，那他便

---

①　pas-savant-du-tout 既可以理解为"完全不知"，又可理解为"不知全部"。——译者注

会无法享受谓词。但他的欲望不就是这样重启的吗？

"这有什么用？"对谁？"众所周知，这能够让言说主体言说，在这里，言说主体被还原为男人，也就是说只能作为母亲存在——我不知道你们是否已经在分析理论中注意到了这一点。"

作为男人语言的无意识的母体，女人根本无法与"自身的"无意识建立联系。在缺失中，在狂喜中……在沉默中。预先存在（ek-sistance）在任何主体之内或之外。

她如何从这样的迷醉中回到男人的社会？"她是非完全的，这种享乐让她在某种程度上缺席，无法成为主体，她会发现自己的孩子所构成的塞子 a。"

对，没错……还是这样……没有孩子，就没有父亲？在律法之下，也就没有解决女人欲望的方法？这一问题无法局限在塞子-身体（corps-bouchons）的生育母职中，这样的身体牢牢地堵住了性关系缺失所造成的缺口。它让所有社会构造，无论是象征的还是想象的，永远都面临着毁灭的威胁。所以，这些塞子"a"到底有什么用？对谁？

有什么用都行,只要她不是"主体",只要她无法用她的话语、她的欲望、她的享乐去破坏制定规则的语言的运转。只要不破坏现行的权力体系就行。

她甚至还被赐予与"神"之间的特殊关系,只要她能保持沉默。这里指的是阳具的循环。女人只要还是缺位的"主体",便可以保留——甚至是保障——男人的统治。但这是一个冒险的举动……万一女人发现了男人动机的原因? 这个原因就在"这个不存在也不表达任何意义的她"的享乐中? 女人有朝一日会明白,这个"她"是男人与虚无主义的关系在这个婴儿式的(in-fans)①"存在"(男人眼中的女人)上的投射。

因为,男性主体并非无所不知。从原因上看,他们很有可能会让大他者背负过多,从而导致自己失控。问题在于他们还有自己的律法,并且他们在必要时会毫不犹豫地采取强硬手段……

所以不可能为了女人的享乐而制定一套律法。

———————

　　① 拉康用"in-fans"来表示婴儿的前语言(pré-verbal)时期。——译者注

也不会有这种话语。原因、结果、目的……律法和话语构成系统。女人之所以(在男人看来)无法表达也无从了解自己的享乐,是因为她无法听从一门语言的安排,而这门语言在某种名义上是她们的语言。或者是……他的语言。

　　女人的享乐对她们来说——但总是根据他的说法——必定是无秩序(an-archique)的和非目的(a-téléologique)的。"没有律法地享乐",这就是强加给女人的命令,但这只是外部命令且不无暴力。或者用精神分析科学的话来说,没有欲望地享乐。这种奇怪的"身体"状态,即男人所谓的女性享乐,突然出现,偶然、意外、出乎意料,"补充"主要内容。女人对这种享乐一无所知,自然也就无法真正享受。但这种享乐将在阳具经济中超越他们男性。这是一种"考验",一种试炼?当这种享乐发生在他们身上时,可能会"震撼"(secouer)他们,甚至是"拯救"(secourir)他们。

　　但这并非完全出于偶然:他们离不开女性享乐,它是他们身心间关系的存在证明。以将其作为显示"实体复合成分"和"身心所构成的实体组合"的存在的症状,而"享乐实体"将确保这一组合功能的实现。

　　没有任何理性能够独自完成这个论证（考验），这项任务仍由感性负责。也就是由女人的享乐负责。非女人（afemme）。被男性能指所标记的身体-物质支撑着他们的灵魂-幻想。他们被编码为言说主体，这是记录他们的编码之地，也是他们的欲望"客体"的投射之地。发言主体与欲望客体间的分裂与缝隙被转移到女人身上。不管怎样，这让她得以享乐，但却无法阻止她"性冷淡"，或自以为"性冷淡"。没有享乐的享乐："沉默的"身体-物质的剩余物的震动，时不时地在缝隙处震撼着她，但她对此一无所知。无法"讲述"这种享乐，也就无法拥有这种享乐。女人就这样为男人承担着这不可能和被禁止的双重功能。

　　之所以（还）有女性享乐，是因为男人们需要靠它来维持自己的存在。女性享乐对男人来说是有用的（utile），它能忍受男性言说主体的世界所无法容忍的事：在这个陌生的世界中拥有一个幻想的灵魂，而且还得"耐心且勇敢"，在关乎幻想时，这是有趣的特征。这个幻想属于谁？答案显而易见。女人没有灵魂，她们是男人灵魂的担保。

　　但只是把这个灵魂排除在他们的宇宙之外还远

远不够。这个灵魂还需要与言说主体的"身体"重新联结。幻想的灵魂与被语言标注了的身体必须通过男人的"工具"联结，也就是在女性享乐中联结。

这种略带精神爱恋性质的操作有一套托词：男人只有在性倒错中才会这样。至少从表面上看，这比最高主宰(l'Être superême)的沉思更加邪恶。这是为了与什么构成鲜明对比？这个问题还有待思考。它难道不就是在假装与众不同吗？"反常"的礼节在其中调停。

但他们认为女人根本无法讲述自己的享乐。这就是承认了他们自己知识的局限。因为"当一个人是男人的时候，他会从伴侣身上看到支撑他自己的事物，他自恋地被其支撑"。

由此，对他们而言，这种难以言喻又令人着迷的享乐难道不就取代了最高主宰吗？他们出于自恋需要它，却终究无法认识它。这种享乐难道不是承担起它的职能吗，对他们来说？条件是女人们要守口如瓶，不在男人的欲望逻辑中打扰到他们。因为上帝必须让主体言说，甚至是被主体言说。但对"他"而言，"他"对这(些)个主体无话可说。男人制定上帝的律法，并让上帝服从于他们的伦理。

因此,性享乐沉浸在大他者的身体中。性享乐的"生产"是因为大他者在某种程度上脱离了话语。

阳具主义(phallsime)弥补了这场话语危机。它依赖于大他者、寄生于大他者、欲求于大他者,但从不那样与大他者建立联系。隔阂、决裂、幻想式的切割、能指体系、命令和律法支配着大他者身体的享乐。因此需要被列举:一个接一个地。

她们一个接一个地被抽取、测试,以防无意义的产生。拥有全部女性(至少是有这样做的能力)的必要性回应了女人在话语的可言(dicible)部分中的非完全。这么做是为了让她们在拥有这种名为享乐的最新实体之际,不得不承受无法自我表达的缺陷。大他者的身体在话语上的缺位转变为全体女性中的层层间隙。大他者相对于可发音的语言的"绽出"作为再次-享乐(encore-jouir)的成因而理应继续存在,并在清点女人的过程中被缓和、衡量和掌控。

但在话语的运转过程中,这个缺陷、这个深渊、这个巨口、这个漏洞都将被另一种实体所覆盖,也就是现代科学所研究的广延实体①。"我们无法轻易摆脱那个著名的广延实体，即对有思想的女性大他者的补充，因为它是现代空间，即纯粹空间的实体，就像我们所说的'纯粹精神'。但它并不被看好。"

大他者的处所(lieu)，即大他者的身体，将被拼写在拓扑学(topo-logie)上②。在最接近话语和幻想组合的地方，性关系无法在对空间的拼写的真相中存在。

因为，重新强调空间，或许就是给他者-女人保留享乐的机会。但如果还想要把女性享乐科学化，这就是又一次将其带到主体的逻辑中，再次赋予它同一附加物，把他者简化为同一的大他者。这同样可以解释为实在界服从于言说主体的想象界。

但最可靠的享乐不就是谈论爱情吗？而且，还是谈论爱情的真相？

"实际上，精神分析话语就是在谈论爱情。相比

---

① 拉康将实体分为"思维实体"和"广延实体"，参见《致雅克布森》。——译者注

② 拓扑学 Topologie 一词中的 topo 源于希腊语中的 *tópos*，表示地点或处所(lieu)。——译者注

在科学话语被发现后所有被阐明的事物,谈论爱情难
道不纯粹是在浪费时间吗?分析话语所显示的就是:
谈论爱情本身就是一种享乐。或许这就是它在科学
话语中兴起的原因。"

　　这就是精神分析学家所恪守的享乐吗?他们(至
少是那些有能力知道些什么的男人)知道性关系根本
不存在,几个世纪以来,是爱填补了缺失的性关
系——看看整个哲学史就知道了。爱是语言的效应,
知情者能够直接找到原因所在。总是原因,没完没
了……

　　这种同性恋的灵魂之乐(âmusement)并没有打
算耗尽自己。毕竟"没有"①,而且"不可能设定(pos-
er)一段性关系。这就是精神分析话语的进步之处,
它由此决定了其他所有话语的地位"。

　　这样的性关系是不存在的,而且是无法被安置的
(posable),我们只能接受这样的说法。也就是说,真
理的话语,即论证的话语,无法将性关系纳入其逻辑
体系之中。如果说性关系不可能存在,那不就意味着

────────────

　　① 拉康的原文为"没有性关系"——译者注。

人们无法走出这种逻各斯并且这种逻各斯已经被"知识"的话语所同化了吗?

这不就是把可论证[(dé)montrable]、可主题化(thématisable)、可形式化(formalisable)的历史特权去历史化吗?精神分析将仍囿于真理话语之中吗?它一如既往地谈论爱情。还是多一点科学性?谈论一种享乐的工具?就这样与唯一的言说行为重新绑定?这就是让阳具体系永存的最可靠的方式。当然,这种阳具体系与真理体系相关联。

对于女人来说,这将是一个问题。她们知之甚少,对自己的性别更是一无所知。只有通过(大他者的?)"身体"的享乐,她们才能表达。但男人们什么都听不到,因为他们享受的是器官的享乐,这便是阳具的障碍。

女人享受"身体"的享乐,男人享受"器官"的享乐。两性间的关系将发生在同一(Même)的内部。但一条线(或两条?)把同一一分为二(或一分为三),而它们只能在话语的运作中重新聚合。意识的真相、无意识的"主体"的真相、大他者身体的沉默的真相。

能够无意识自我表达的人和不能无意识自我表

达的人的性别要根据双方在语言中所处的位置来划
分，而他们之间的性行为发生在分析过程中。一旦离
开分析过程就无法发生。原因在于性关系中的性别
划分，也就是那条线。

当然，这条线维系着他者存在的骗局。他者无法
化约为同一。因为主体无法像这样享受它。况且他
者总是缺席。他者的存在能否获得更可靠的保障？
同一的大他者的存在。

因为，用这种方式来定义两性，不就是又回到了
传统的理性与感性间的划分吗？感性可以用大写字
母来表示，这表明感性从属于理性的秩序。此外，它
还是记录形式的地方。这件事不该被一笔带过。

大他者在不知情的情况下被记录。就像柏拉图
说过的那样？"容器"（réceptacle）接受一切的标记，
理解并包容一切，除了它自己。但它永远无法与理智
真正建立联系。容器能够再现一切，"模仿"一切，除
了它自己，因为它是模仿的母体。因此，容器会以某
种方式知道一切，毕竟它接纳一切；但它并不知晓有
关一切的任何事情，对它自身更是一无所知。容器无

法对语言和普遍意义上的能指产生作用,因为它要充当其(感性的)支撑。这让它与绽出之实存的关系变得奇怪。相对于任何形式(的)"主体"而言,它绽出地实存(Ek-sistant),但它本身或许并不存在。

通过大他者/在大他者中/借助大他者与大他者建立联系是不可能的:"不存在大他者的大他者。"这可以理解为不存在元语言(méta-langage),大他者已经取而代之,在它绽出的实存中悬置了他(她)者的可能性。因为,如果存在某个他者(并非大写的大他者,但必须是绽出的),那主体或"主体"的任何自我感发、自我定位、自我反射体系等事物都将遭到破坏并失去控制。大他者无法通过他自身(她者通过她自身?)来"自我感发",只有这样,主体才能形成自己的欲望。大他者是主体能指的母体。这就是主体欲望、价值以及工具的来源。这些工具将用于重新掌握主体的决定因素。但这种器官的享乐终将切断主体,这正是它一心想要做的。器官本身是明确的且主动的,它以自身为目的,并因此错失了与"感性物质"交合的机会。技术力量的特权把阳具变成了性关系的障碍。

此外,唯一令人渴望的关系就是与母亲的关系,即与提供养分的能指母体的关系。至少,解剖学不再妨碍性别角色的划分……但对于男性欲望而言,女人不可能存在;并且女人的定义只取决于男人对她的话语压迫,尤其是她的缺陷。"她是非完全的,这种享乐让她在某种程度上缺席,无法成为主体,她会发现自己的孩子所构成的塞子 a。"

这句引文值得多次重复引用。解剖学作为生产孩子的必然方式而被重新引入。与弗洛伊德的理论相比,这一假设少了科学色彩,却多了严格的形而上学色彩。

而女人并不存在,"如果有一种话语能够证明这一点,那肯定是分析话语,因为它表明了这样一个事实:女人只有作为母亲(quoad matrem)才能被接纳。女人只有作为母亲才能在性关系中发挥作用"。

女人"只有作为母亲才能被接纳",这句话已铭刻在整个哲学传统之中。这甚至是哲学传统的成立条件之一,也是其基础要素之一。逻各斯的生产试图通过抬高在对起源的垄断中蕴含的开辟的力量,从而夺回(再)生产的大地-母亲-自然手中的权力。

精神分析理论从而阐明了女性性欲和性关系的地位的真相。但它止步不前。精神分析理论拒绝阐释其话语的历史决定因素,"出于我能想到的最好的理由,我最讨厌的东西就是历史"。尤其是,鉴于对律法的应用至今都是完全男性化的,精神分析理论仍停留在菲勒斯中心主义当中,并宣称菲勒斯中心主义具有普世且永恒的价值。

所以,还剩下谈论爱情的享乐。亘古不变的古老灵魂的享乐。精神分析理论试图为其建立一门科学。为了多余的享受? 多余的什么? 谁的? 在谁与谁之间?

这个问题并不恰当:享乐永远只能与同一建立关系。自诩独一无二的主宰者混淆了自恋的享乐与"一"(Un)的享乐。

那怎样才能拥有爱或他者的享乐呢? 难道只有谈论它们这一种方法吗? 或局限在否定神学的深渊,以骑士之爱的风格投身仪式化? 靠近大他者并将其视作界限。在形态、雕刻、能指和情书中重新占有大他者。通过侵占、改造、吞没、喷射大他者来自我言说,即言说爱情。通过在话语中谈论大他者来谈论爱情。

但不要忘了拉康认为："在骑士之爱出现的时候，同性恋的灵魂之乐已经陷入了极度的颓废，陷入封建主义这种不可能实现的噩梦之中。当政治堕落到这个程度时，人们便会意识到，对于女人而言，有些东西已经完全行不通了。"

如今，话语便是封地。"封建主义这种不可能实现的噩梦"并没有停止强加其秩序的努力，它的侵占对象和侵占方式、（重新）界定领地范围的方式以及哄骗那些已经拥有领地、领主和仆从的人的方式反倒更加隐蔽。

从这个角度上看，精神分析话语"决定了其他所有话语的真正地位"，它有机会在权力斗争中占据优势。精神分析话语回到藩篱之下，重新开垦田地，根据另一套秩序——无意识秩序——重新制定规则，从而把自己的统治范围扩展到其他所有话语之上或之下。

如此强大的力量有时会让他忘记只有放弃某种主宰和奴役的模式才能拥有这种力量。但这种话语与其他所有话语一样（甚至比其他所有话语更甚?），它通过将话语逻辑应用于性关系而再现。女人因此永远处于从属地位，从此只能存在于话语的运作之中，就像一个无意识之人，受制于永恒的现实也无法避免的沉默。

　　她再也不必去讨好他。骑士之爱的仪式能够在一种语言中进行。一种风格就足够了。这种风格尊重并关注言语中的缺陷、话语中的非完全、大他者的漏洞、说了一半的话（midit），甚至是真理。认同女性享乐的过程中不乏献媚、诱惑、阴谋、秘密等事物，甚至还包括喷射——语言的介入或多或少地推迟了喷射的发生。"这是一种十分讲究的做法，通过假装障碍是由我们设置的来弥补性关系的缺失。"

　　"骑士之爱之于男人就是，他的女人卑躬屈膝地完全臣服于他，这是唯一能优雅地弥补性关系的缺失的方式。"

　　拉康这位精神分析师认为，这种关系是不成立的，必须设计出越来越"优雅"的程序来弥补这种关系。但问题是他们声称要把这种无能变为法律，并让女人继续臣服于此。

流体"力学"①

女人扩散的模式与制定律法的象征的框架不相容,这种说法流传已久——以何种速度? 在何地? 摆脱了何种阻力? 这免不了会引发一些动荡,甚至是一场风暴。必须用坚固的隔板般的原则加以再限制,以防其无限延伸下去。否则就连被选定为实在的第三方都会被受到牵连。边界已被破坏和混淆。重要的是回归正确的秩序……

所以我们要回到"科学"上去,并提出一些疑问②。比如:它为什么迟迟没有制定出一套流体"理

---

① 原文发表于《弓》第 38 期。(«La " mécanique" des fluides», in l'*Arc*, n° 38.)

② 阅读本文前,最好先对固体力学和流体力学的相关著作有所了解。

论",以及在将其数学形式化的过程中引发的疑难问题。这个遗留问题最终可能会被归咎于实在（réel）①。

但如果我们研究一下流体的特性，便会发现这种"实在"可能在很大程度上涵盖了一种物理事实，而这种物理事实仍然抗拒适当的象征化并/或表明逻辑无法在写作中承载自然的所有特征。它只好缩减某些特征，把这些特征/自然视作一种理想状态，以防理论机制的运作遭到破坏。

总是受制于理想假设的语言和丧失了所有象征的经验之间到底存在着何种区别？考虑到这种确保逻辑纯粹性的"顿挫"和"分裂"，我们又怎能不认识到语言必然是元-"某物"（méta-«quelque chose»）？这不仅仅是因为语言在此时此地的发音和表述需要一个主体，还在于这个"主体"凭借自身结构，在不知不觉中重复了对反对主体改写的天性的规范性"评判"。

---

① 参见雅克·拉康在《著作集》和他在研讨班中对"实在"的界定。

一种反复-标记着历史对流体的"忽视"的系统在阐释过程中延续并简化了"主体"(的)无意识,我们如何才能阻止这种情况的发生呢? 换句话说:哪种语言结构能够打破理性与固体力学之间存在已久的共谋关系?

或许,问题的关键已经从对术语的定义转移到了对术语之间关系的分析上(弗雷格的理论[①]就是一个例子)。这令人认可了关乎非存在,即功能性符号的语义学。

但命题所允许的不确定性受制于形式类型的一般蕴涵,而变量只存在于(多种)句法形式的同一性限度内。除此之外,普遍性的象征——普遍量词——发挥了主要作用,而它们对几何学模式的借助还有待思考。

---

　　① 我们需要重新思考弗雷格(Frege)的理论:他的理论是如何从零到一的? 否定之否定、矛盾之否定、后继者进行的双重简化都有何作用? 是谁宣布了客体不存在? 把与自身不同的事物定义为矛盾概念的等价原则从何而来? 为什么回避零级别(classe zéro)与空集(ensemble vide)间的关系问题? 统一性(Einheit)在哪个符号体系中才能占据优势地位? 还有,纯粹客观的再现给"主体"留下了什么?

因此，X 的"全部"，也就是系统的全部，会预设好每一个特定关系的"非完全"。这种"全部"只存在于必须投射在"既定的"空间－平面上的外延的定义之中。而平面之间的地带（们）则要借助点状标记来被评价。

因此，"处所"将以某种方式被规划和标记，以计算每个"全部"以及系统的"全部"。除非处所能够无限延伸，但这样一来，我们就无法预先估算出变量的价值以及变量间的关系的价值。

但这个（话语的）处所会让它感觉自己"大于全部"，从而自我形成（形式化）、自我系统化吗？这个大于"全部"的事物不是会以神学的方式回顾它所否定（排斥？）的事物吗？而神学与"非完全"的关系仍有待探究：上帝或女性享乐。

在等待这些神圣的重逢之际，非女人（只能）充当投射平面，以确保系统的完整性——以"大于全部"将其超越；或被用来衡量每个"概念"的"全部"外延的几何支撑，甚至包括那些不确定的概念；抑或是被固定-

凝结在它们在"语言"中的定义中的层层间隔；又或者是在这些概念之间建立特殊关系的可能性。

从她的"流体"特征上看，上述情况是有可能发生的。但这种特征剥夺了她在这种逻辑中自我认同的可能性。非女人（矛盾地？）成为命题中的联结。但这种联结已经属于一套详尽的形式化计划，并受制于"主体"整体的话语构成。尽管不乏能够改变"主体"真理秩序的系统，但这与不同系统具有相同句法的假设并不矛盾。这些不同系统会把流体实在的某些特性排除在它们的象征模式之外。

没有在流体体系中得到阐释的事物，比如固体阻力，最终会被交给上帝。无视流体实在——内摩擦力、压力、运动等，即动态特质——会导致将实在交还上帝所有，因为只有可被理想化的流体特征才会被纳入数学计算。

或者说，纯数学计算只能根据一些接近事实的事物来分析流体，比如层状平面、（电流偏向轴心的）螺线管运动、点源、点汇和涡旋点。余下其他东西。直至无限：这些"运动"的中心对应着零，也就意味着无限的速度，而这是物理学所无法接受的。这些"理论"

流体能够推动数学分析技术的进步，但代价是失去与身体现实所建立的某种联系。

这会对“科学”以及精神分析实践产生何种影响？

如果有人提出反对意见，认为这个问题的提出太过依赖于隐喻，那我们可以轻松地回答道，这个问题反倒打破了（几乎是固体的）隐喻相对于（更偏向流体的）换喻的优势。或者，我们暂且否认这些带有元语言性质的“范畴”和“二元对立”，然后换一种回答方式：无论如何，所有语言（也）都是“隐喻性的”①。并且，语言为了自我辩护会否认无意识“主体”并拒绝反思无意识对象征化的屈从，而无意识至今仍然受制于这种推崇固体的象征化。

如果所有心理体系都建立在阳具（或大写的阳具）基础之上，我们可能会问：把流体吸收为固体形态的目的论对阳具至高无上的地位产生了怎样的影响？

---

① 在此，我们需要回到隐喻的地位上来，质疑现行的等价法则，密切关注“相似性”在“类比”（物质与形式的复合体）这一适用于物理领域的特殊操作中所发生的变化，以及它分析流体实在所需的条件。从几何学上看，它既不模糊也不严谨，却能够带来意义的改变，尽管它现在还远远做不到这一点。

阴茎的缺陷与此并不矛盾:它只是一种理想的运行模
式的经验代表,所有欲望都想要成为或拥有这种
模式。

　　这并不是说阴茎具有超验"客体"的简单地位,
而是说它作为一块基石,支配着一个以理想主义为特
征的欲望经济体系。但这并不意味着阴茎只具有超
验"客体"的地位,而是说它像基石一样,统治着一个
以唯心主义为特征的欲望体系。

　　当然,"主体"无法一蹴而就地摆脱这一切。某些
有关(在宗教上?——也包括在语言上)皈依唯物主
义的天真想法,便是明证,也是病症所在。

　　根据那些把性置于形式的绝对力量之下的法则,
这种心理开始正常化……

　　因为这不就是问题所在吗?只要这种特权还继
续存在,我们就无法阐明性别差异。超越形式之物,
即女性,必然会被排斥到现行制度之下或之上。

　　"女人不存在"?从话语的角度上看,的确如此。
留下来的只是她的这些废料,"比如"上帝和女人。因
此,这一诉求被禁止发声,但在其沉默之中仍有雄辩

之言,即实在。

　　然而,女人能够说话。但说得不"相同",不"一样",不"等同于自身",也不等同于任何一个 X,等等。女人不是"主体",除非被菲勒斯中心主义改造过。"流体"能够说话,哪怕是在菲勒斯中心主义体系瘫痪了的反面。表现出"一"的症状:它再也无法流动,也无法自我触碰……我们将看到,她将其归咎于父亲及其形态。

　　为了听懂流体在说什么,我们还要学会如何不按规矩地倾听。流体连续不断、可压缩、可扩张、有黏性、可传导、可扩散……不论强大与否,它都不会因可计数之物所引发的阻力而消失。它对压力越来越敏感,这让它既享受又痛苦。热度的变化会导致流体的变化,比如它的体积和力量的变化。流体的物理实在取决于两个无限接近的事物间的摩擦力,这种动力源自邻人而非自身,这些运动源自两个难以定义的单位之间的近乎-接触(quasi-contact)(以泊松比为单位计算的黏度系数),而非有限系统的能量。根据它对来自其他流体或通过固体壁的水流的传导性,流动的物体很容易就能穿过它。流体和其他处在相似状态的体混成一团,有时甚至以几乎同质的方式被稀释,这样一来就很难把它们区分开来。并且,流体已经扩散到"自身内部",这让任何把流体视作静态的尝试均以失败告终。

因此,女人无法被听到。尽管她所说的一切在某种程度上都是语言,但她的话没有任何意义。而她的话能否产生意义,这就是另外一回事了。

必须补充的是,声音(son)以一种惊人的速度在她体内传播,且与她非理智的程度成正比,这意味着,要么意义所产生的影响既非因又非果,要么意义只能以一种颠倒的形式来充当因果。那么,你想要什么(*Che vuoi*)?

沉默地带在话语投射的处所所界定的范围之外,所以不算在内。意义的传播速度必须与声音的传播速度相等,这样任何形式的封套——对一方或另一方而言失聪的空间——才能在传递"信息"的过程中失去效力。但声速的微小变化每时每刻都有可能让语言变得扭曲或模糊。如果我们让语言服从于相似性法则,将其切割成可以被估算、比较、重复的相同或不同的片段,那么,声音就会失去它的某些特性。

从本质上讲,流体,这种哲学话语内部/外部的"他者",是不稳定的,除非将其几何化或(?)理想化。

女人说话的方式从来都不一样。她所发出的声音是流动的、起伏的。模糊不清。除非话语的含义消失,否则大家根本不听她的。因此,这种超越"主体"的声音遭到了抵触。所以主体会把这种声音凝固、冻结在自己的范畴中,直到让这种声音在流动中动弹不得为止。

"先生们,这就是为什么你们的女儿都是哑巴。"尽管她们喋喋不休、滔滔不绝,但她们说的话只能证明她们患有失语症或在模仿男性欲望的反面。

在女人只能沉默的地方对她们进行阐释,无异于让她们受制于一门语言,而这门语言让女人离她们本想对你说的话、对你发出的阵阵低语越来越远。如果你们的耳朵不是如此灵通,不像这样被意义堵塞着以致对任何无法与我们之前听到过的话相呼应的事物都充耳不闻,那该有多好。

在这种已经被(父亲)话语的意义所限定的范围

之外,一切都不存在:非女人。沉默地带。

　　客体小 a 呢? 如何根据流体的特征来定义客体小 a? 毕竟这种"客体"往往指向一种流体状态。乳汁、光波、声波……更不用说被吸入呼出并散发着不同气味的气体、尿液、唾液、血液,甚至血浆等等。

　　但专家们会说,这并不是精神分析理论中所列举的"小 a"。对这一质疑的回应是,伪装成不同样子的粪便是否享有充当客体小 a 的范式的特权? 我们是否应该把欲望客体的这种模式化功能——它明显或多或少地被掩盖了——理解为成功地从流体状态过渡到固体状态的结果呢? 对精神分析学家来说,欲望客体本身不就是将流体转化为固体吗? 这标志着理性的胜利,值得再三重复。固体力学与理性的关系由来已久,而流体却从未停止过抗争。

　　我们可以问问(自己)这一系列问题:为什么精子从来没有被当作"小 a"? 精子对生殖要求的唯命是从难道不就是固体(产品)在历史上被赋予了优先地位的征兆吗? 如果阉割问题——截肢,即"切除"阴茎所象征的这种固体的幻想/现实——介入了欲望动力之中,那流体-精子的参与便会阻碍固体体系的普遍化,而这个问题仍然没有得到解决。

然而,描述"享乐"的术语唤起了一种压抑状态的回归,从而扰乱了意义链的结构,但"享乐"——意义的查禁——会被丢给女人。或者说"非女人"。

"非女人",是的没错。因为精神分析科学始终否认"流体"体系,包括流体对固体的抵抗以及流体"自身的"动力。非女人的成因因此会卷土重来,为所有思辨的失效的投射之处安排了历史位置。这种残留物的可压缩性会发展到什么程度? 我们拭目以待。

诚然,她的许多特性已经被欲望或力比多重新利用,这一次,欲望和力比多优先分配给男性,并被界定为"流"。

但固体工具和流体的某些特征已经在同一中被重新利用,留给他者的只有仍被双方的实际运动所忽略的剩余物以及尚未得到阐释的更加微妙的能量原理,这一事实引发了关键性的体系问题。由于缺乏动态交换或相互抵抗的关系,我们必须做出不可能的选择:若非彼,就是此;若非欲望,就是性。由于父之名的"锚点",这将带来"易碎的"性器和"成形的"欲望。

这样的妥协让双方都变成了半固体。性器完美的坚硬并不属于他,但通过将性器与语言所规定的意义重新结合,他找回了欲望的近乎-固体性(quasi-solidité)。这项操作可以说是向类固体力学的过渡。

心理机制将完好无损并有规律地嗡嗡作响。当然,一些有关熵(entropie)的问题以及一些对能量资源的焦虑始终存在。但我们必须相信科学和技术。更何况它们提供了投注的可能性,让"力比多"远离更加令人尴尬的问题,也就是从"主体"因总是重复着相同的故事而感到的无聊中解脱出来。

这在某种程度上会被称作"死亡冲动"。但如果我们也质疑(为什么不呢?)精神分析这一奇怪而惊人的发现,我们就会发觉一种双重运动:既让流体的某些特征来适应理性,又忽略流体的自身动力所构成的障碍。

你不相信吗?因为你需要-想要(besoin-désir)相信那些已经牢牢确立的"客体",也就是相信你(们)自己,把无声的死亡当作永远保持"主体"的条件。

但你所坚持的恒常性原则"意味着什么"？避免过度的涌流-刺激？不惜一切代价地追求体内稳定？自我调节？从而减少来自/朝向机器外部的运动的影响？这意味着在封闭的循环中进行可逆的改造，而不考虑时间这个变量，或仅在重复平衡状态的模式下考虑。

但在"外部"，机器必将通过某种方式借用能量（其驱动力的来源尚未得到完全阐释，甚至被规避）。它的运行模式在某种程度上也是如此。因此，"生命"的某些特性在赋予其形式所需的"恒常"中被削弱了。但是，这项操作不能也不该再现，它将被标记为符号或能指的零，甚至在无意识中也是如此；否则，整个话语体系都会被颠覆。话语体系要想得到拯救，就只能承认生命体本身趋向于自我毁灭，并将其能量与近乎固体的机制相结合以防这种自我攻击的发生。

鉴于流体特性在历史上一直属于女性，冲动二元论如何与性别差异联系起来呢？如果不把"二者"交织在"同一"中，我们该如何"想象"这种体系对两性具有相同的解释价值？

　　我们必须(再次)回到支撑着主体结构的思辨(镜映)模式。"小男人(le petit homme)在婴儿阶段(stade *infans*)仍处于运动机能无力和嗷嗷待哺的依赖状态,他对自身的镜像感到欣喜若狂",在这种"象征母体(matrice symbolique)中,'我'突然被抛入了某种原始形式","这种形式理应被视作理想之我(*je-idéal*)","这种原始形式在自我(*moi*)被社会规定之前,就将自我的要求置于一条虚构之线上。对单个的个体来说,这将是永远无法还原的","主体在幻想中推动其力量成熟所需的身体的完形,只能以格式塔(Gestalt)的形式被赋予。也就是说,主体只能在一种外部性中获得这种形式。在那里,这种形式是构成性的而非被构成的。但这种形式首先出现在将其凝固的塑像的凸起和将其颠倒的对称之中。这与主体所感觉到的且赋予其活力的紊乱运动正相反。尽管这个格式塔的动力形式还不甚明了,但其完整性倾向理应与类别有关。格式塔通过它所体现出来的两个特征,象征着"我"在思想上的永恒性,同时也预示了它异化的结局"①。

我们要对这位投机取巧和反射"异化"的大师致以崇高的敬意。但是，过于平淡的赞美有可能使下一步工作停滞不前。

因此，我们需要思考这种"构成性的（而非被构成的）"形式相对于主体的"外部性"；思考这种形式掩盖另一个外部（这种"完形"之外的身体）的方式；思考这种形式所带来的死亡，及其在"凸起"中让误解得到的认可；思考被这种形式奉为构成性成分的"对称"，而它让主体"力量成熟的幻想"永远依赖于"反转"；思考这种形式所瘫痪的运动技能（motricité）；思考这种形式所设置的投射过程（"对单个的个体来说，这将是永远无法还原的虚构"？）；思考这种形式留下来的幽灵。我们还要思考这个自动化的世界，它仍然祈求上帝之名乃至上帝的恩赐才能运转，它还需要生命的存在才能以比自然更加完美的方式来模仿。

因为自然绝不会缺少能量，但这并不意味着它

---

① 参见拉康：《镜像阶段》，出自《著作集》（Lacan, «Le stade du miroir», in les *Écrits*, pp. 94-95.）。文中强调并非笔者所加。

"本身"能够拥有动力,或以完整的形式把动力包围起来。因此,相对于统一体而言,流体总是处于过剩或缺失状态;它规避了"你就是那个"(*Tu es cela*)[1],即任何既定的认同。

如果镜子里什么都看不到,那有机体会怎样?比如性器。也就是说小女孩的性器。如果说在镜像的构成效应中"它(同类)的性别并不重要"[2],并且"镜像似乎是进入可见世界的门槛",这难道就不是在强调要把女性排除在外吗?一副男性身体或无性身体将决定这个格式塔的特征,它是将主体引入社会秩序的不可还原的母体。所以它是按照与女性格格不入的法则来运作的吗?所以这种"偏执狂的异化可以追溯到从'镜像之我'到'社会之我'的转变过程"[3],但它不可避免的突然到来早已铭刻在"镜像阶段"之中。在这一阶段中,同类被预示为同一的他者(autre du même),自我本身与不恰当的构成诉求(尽管是自我

---

① 拉康:《镜像阶段》,第100页。

② 拉康:《镜像阶段》,第95页。(拉康在原文中谈论的是雌鸽的性腺成熟的必要条件。——译者注)

③ 拉康:《镜像阶段》,第98页。

提出来的)间的永恒争论的主体,永远都会受到这种幻想的困扰。谁是真正的一,谁是他者,谁是谁的替身,这场有关自我身份的无止境的争议将永无定论。

但这些主体间和社会上的分歧会先一步把对歇斯底里症的压抑以及瘫痪的能指效应抛到脑后。这是否意味着无论女性身体的镜像假设是否让人欣喜,这个问题都会变得毫无意义呢?欲望既已凝固于此,那"镜像阶段"所标示的中性化就是在肯定曾经有过"更加古老的"①冰川期。

如果你觉得自己还没有理解一切,那也许你可以敞开自己的耳朵,去倾听那些近在咫尺却混淆视听的事物。

---

① 拉康:《镜像阶段》,第98页。

问答录

　　自从《他者女人的窥镜》问世以来，很多问题都被搬上台面。现在这本书，在某种程度上，就是一本问题集。它并不涵盖所有问题……也没有"真正地"回答这些问题。它让提问延续，并继续发问。通过各种角度讨论那些以问题的形式被强加或提出的观点。什么是"不同于"在男权主义中或者由男权主义所规定的女性性征？如何找回或者创造女性语言？如何将女人们的性剥削问题和社会剥削问题联系在一起？女人们现在的政治立场会是什么？她们该不该介入或干涉机关？她们怎样才能摆脱父系文化对她们的控制？她们该向父权文化的论述、理论和科学提出何种质疑？如何"表达"这些质疑才能不让她们又"被压抑""被查禁"？但还有，女人之前是如何言说的？通过再次回到主流论述？通过质疑男人们的"主宰"？通过对女人言说。以及：在女人之间言说。这种女人言说能否被书写？如何被书写？……

这本文集将思考并回答这些问题，以及其他问题……

何不直接表达某些问题？何不按照最开始说的那样？何不以口语的方式？哪怕口语有时听起来会有些笨拙。这就是为什么要把 1975 年 3 月在图卢兹哲学教研机构举办的研讨会的内容整理成文字稿。参加研讨会的男男女女在会前就把写好的问题发给了我。在此只列举了那些当时有时间讨论到的问题。完整的记录由艾丽安·埃斯古巴（Éliane Escoubas）①速印。另一些问题也一并奉上。或者，它们是同一些问题，介于说和写之间？

☆

有些问题我实在不知该怎么回答。至少没法"简单地"应付过去。也就是说，我不能在这里不懂装懂。

_____

① 法国现象学派哲学家，代表作《世界地图》（*Imago Mundi*）。——译者注

假装自己掌握了女性的真理、女性的理论,能够回答你们的问题:在你们面前替女人作答。所以,我不会引用任何被质疑的论述中的定义。

但我想先问一个问题。这也是第一个问题,其他所有问题也都因此而起。

这个问题就是:"你是一个女人吗?"

一个典型的问题。

一个男人的问题? 我不相信一个女人会问我这个问题,除非她已经被男性同化了,更确切地说是被菲勒斯同化了。

因为语言中的"我"不是"我"。我不"是"。我不是阴性的"一个"。至于"女人",再去弄清楚吧⋯⋯总之,以这种形式,以概念和命名的形式,那肯定不是。(还请参见问题录一和问题录二①)。

也就是说,我只能把问题抛回去,对提问之人回答道:"这是你的问题。"

这个问题(这是种怀疑:你是个女人吗?)是冲我来的,但我还是希望自己或许是在"别处"。

当一个男人要在一个研讨会上发言时,是否会有

_____

① 这些问题详见本章末尾。

人一上来就问他:"你是个男人吗?"答案不言而喻。只有迫不得已才会问,而且还得委婉地问,或暗自思忖:他"男"吗? 而不是问他:你是个男人吗? 我不相信。

所以,"你是一个女人吗?"这个问题想说的可能是这里还有"另一个女人"在场。但这个问题大概率只有"男人"才会问出来。而且,尽管是男性论述,但却只能以疑问的形式。我不想简化这个疑问,毕竟它能改变当下的论述机制。

我不知道提问之人还想不想再问一遍这个问题。

A[①]:这个问题是我提出来的,但提问不是我安排的,是一位女士安排的,是她把它放到了第一个……

答:如果可以的话,请你放心。我之所以选择这个问题,并不是因为我对此有任何疑惑。我只是抓住这个问题试着开始指出差异之所在。

当然了,如果我回答:"先生,您怎么能有这种疑

---

① 对话者用大写字母 A,B,C 等来表示,并按发言的先后顺序排列(根据图卢兹第二大学哲学系的记录)。

问？我很明显是个女人。"那我就会又落入"真理"及其权威的论述之中。如果我声称我想陈述的、想说的或想写的，都是基于"我是个女人"这一确定之事，那我就又回到了"男权"论述。我或许想要推翻这种论述，结果却深陷其中。

相反，我会尽力站在其边界并不断地从内撤到外，因为没人能够简简单单地跳出这种论述。

"什么是一个女人？"

我相信我已经回答过了：这是个无法"回答"的问题。对"什么是……？"这类形而上的问题，女性不会听之任之（参见问题录一和问题录二）。

"除了解构弗洛伊德有关女性特质的理论外，人们还能否（你还能否）提出另一种女性特质的概念：它具备另一套象征体系，另一种无意识，一种"女人的"无意识（也就是完完全全的另一个，而非男性特质的反面、否定或补充）。你能否说出这种无意识的大致内涵？"

人们能否，我能否提出另一种女性特质的概念？另一种女性特质的概念是不存在的。

认为女性特质能够以概念的形式来表达的想法，无疑又陷入了"男性"的再现系统。在这一系统中，女人们被困在了服务于（男性）主体自我感发的意义体制之中。这的确是在质疑"女性特质"，但这并不意味着要因此另创"概念"——除非女人要放弃自己的性，想要像男人那样说话。我相信，要创立一套有关女人的理论，光靠男人们就足够了。女人的语言中，不存在这样的概念。（参见问题录二）

"另一套象征体系……"？象征体系，我暂时先把这个放到一边，因为我们后面还会回到这个问题上来……

"另一种无意识，一种女人的无意识"？依我所见，不如先思考一下这个问题：在现在所谓的无意识中，哪些是属于被压抑的女性的。也就是说，在考虑创建一种不同于其现有定义的无意识之前，也许最好先想一想女性，在很大程度上，是否并未被涵盖在这种无意识之中。

换言之,在试图赋予女性另一种无意识之前,应该先搞清楚女人是否具有某种无意识,哪一种? 或者,那些被冠以无意识之名的事物,在某种程度上,是否并不属于女性? 女人的某种"特性"是否被所谓的无意识所压抑-查禁? 因此,无意识的诸多特征都会令人联想到有可能属于"女性"的欲望体系。所以,在探讨女性无意识这一问题之前,应该先思考一下无意识从女性那里吸取了什么。

并且,假设这种无意识的阐述成立,并且无意识原有的定义因其对女人欲望的掩饰和误解而遭到质疑,那无意识将以何种形态存在? 它还能继续存在吗? 为谁而存在? 或许它还是会为了男人而继续存在? 那女人呢? 换言之:"女性象征体系"的运作是否在本质上就意味着建成一个抑制(refoulé)之地。

另一个问题:尽管现在,在某种程度上,无意识因隶属于被历史压抑-查禁的女性而使自己被意识的逻辑压抑-查禁,但这种无意识最终不还是一种话语的特性吗? 不论弗洛伊德给话语逻辑带来了何种打击,无意识不还是属于这种话语逻辑吗? 这种在某种程度上开始衰弱的逻辑,不还是对无意识以及一切形式的"他者"(野人、儿童、疯子、女人)有所保留吗? 对无意识的发现与定义跟这些被哲学话语承认-无视的"他者"有何关系？这种话语不就是在把他者排除在外，但还是将其视作"客体""主题"来说明其真相，并在压抑中维持其差异吗？

"我能否说出另一种无意识，即女性无意识的大致内涵？"不能，当然不能。因为这意味着要让女性摆脱现有的无意识体制。如果现在就规定了女性无意识的主题和内涵，那就是在预估一段历史进程，对它的阐释和它自身的运动便会受阻。

不过，我可以说在无意识理论中有一件备受忽视甚至鲜被提及的事：女人和母亲的关系以及女人之间的关系。但这是否就是"女性"无意识的大致"内涵"了呢？不是。这只是一个问题，我们可以以这种问题的方式来阐释无意识的运作。为什么直到现在精神分析的理论和实践在这些问题上都是如此地贫乏和简略？这些问题能否在父系体制和逻辑中得到一种更好的阐释？在这些问题所预设的俄狄浦斯体系之中？

"要满足何种条件才能确立另一种女性特质？这里的条件可以理解为历史的条件；无意识的历史和/或精神分析的历史、'政治'史和'物质'史（这'两种'历史或许可以代表欲望及其效力的历史）。"

我想我已经开始回答这个问题了……关于"和/或精神分析的（历史）"，我或许还可以再明确一下。我认为，只要精神分析还停留在自己的场域中，那就不可能确立另外一种女性特质。也就是说，精神分析不能只是内部-分析（intra-analytique）。问题在于精神分析从不质疑自己的历史限定，或质疑得太少。是故，它就只能总是用同样的方式来处理女性性征。

缺乏对历史限定的质疑，这显然与政治史和物质史有关。只要精神分析不去解释自己在某种所有权制度、在某种话语（也就是形而上话语）、在某种宗教神话中的影响力，它就无法思考女性性征。女性性征的确无法简化为精神分析理论和实践场域内的一个区域性问题，相反，它需要对这一场域底层的文化资本和普遍体制的阐释。

"若如马克思所言'人只会给自己指派能够完成

的任务’，那鉴于当下对于女人的‘关注’，能否说另一
种女性特质已经正在以实践（或理论?）的方式确立
呢？进行到哪儿了?"

如果我没有搞错的话，马克思也曾说过，历史是
男人通过自身来生殖的过程。

如果历史是男人通过男人来生殖，也就是男人自
体生殖（auto-engendrement）的过程（在我看来这种论
述无异于形而上的预设），那"人只会给自己指派能够
完成的任务"这种说法不还是只提及男人吗？对马克
思而言，历史能否变个模样?[1]

"能否说另一种女性特质已经正在以实践（或理
论?）的方式确立呢?"面对这种形式以及引用的马克
思的话，起初，我只能回答:对男人而言，或许吧……
或许，男人正在以实践或理论的方式来完成女人的问
题带给他们的任务。其迹象-征兆可见于某种政治策
略（左派的或右派的），以及某种"动机"，或者如今在
文化市场上"受到关注"甚至是"流行"的问题。

---

[1]　对这一问题的后续探讨，请参见后文《女人市场》。

　　这是否意味着问题开始"从女人这边"解决了呢？我认为，这完全是另一个问题。因为，如果仅凭这一点就说问题开始从女人这边解决了，那这就意味着永远不会有"另一种"女人。女人的相异性就会又一次被导回并被简化为男性的话语和实践。因此，对于女人们而言，男人目前对女人的关注既是种必然，也是种风险，可能会导致加倍的异化：体现在女人们严格和普遍意义上的语言、政治和体制上。

　　复杂之处在于，不能有女人创造出的"女性话语"，并且严格来说，现在的政治实践也全都是男性的。为了让女人能够被听见，就必须要对政治上的思维和行为模式进行一场"彻底的"革命。当然，这不可能一蹴而就。

　　女人现在可以采用什么样的行动模式？难道女人就只能以边缘的方式介入社会的整体运作吗？

　　B：你所谓的"以边缘的方式"是指什么？

　　答：我指的主要是妇女解放运动。妇女解放运动界定了什么是"女性"，什么是在女人间的女人（les femmes-entre-elles），什么是"女人的社会"。我之所以说边缘性，首先是因为妇女解放运动在某种程度上刻意避开了机构体制以及权力斗争之类的事物。它待在现有的权力关系"之外"。这项运动有时甚至拒绝介入任何机构体制,包括"从外部"介入。

这种"立场"可以解释为女人为了让自己在某些社会场合中被人听到而遇到的困难,这些场合也是由社会限定好了的。社会既利用女人又排斥女人,并且一直忽视女人"诉求"的独特性,只是简单重复她们的主张甚至是口号。这种立场还可以理解为女人对建立一个女人之地的迫切需要,因为她们要学会如何摆脱当下的压力,学着明确地表达自己的欲望。

当然,女人已经有所收获,主要是得益于妇女解放运动:避孕和堕胎的自由化等等。这些收获让我们可以用另一种方式来重新思考女人的社会地位问题,尤其是女人摆脱了母亲-生育的简单功能。然而,这些有利因素同样可以反过来对抗女人,也就是说,我们还谈论不了女性政治,只能说一些有可能实现女性政治的条件。首先就是要打破沉默,不对女人遭受的剥削闭口不谈,也就是妇女解放运动系统实践过的拒绝"闭嘴"(参见问题录二和问题录三)。

"谈论另一种象征体系,另一种无意识(需要这样吗?),这不就是另一个(同样)关于对称的梦吗?"

　　这个问题似乎意味着人们根本想象不到还有"他者"存在。这还意味着如果"女性"突然出现,那它肯定会模仿男性"主体"在历史上所遵循的模式。这种模式尊崇对称,把对称视作能够让自己在对他者的忽视中占据主宰的条件。这也就是一种男权模式。因为,实际上,大家对男性语言的认识并不准确。男人还想要讲述一切并定义一切,那还怎么认识男性的语言? 话语的逻辑建立在性别无差异以及一个性别对另一个性别的屈服之上,那还怎么认识"男性"? 但能够确定的是,男人在历史上确立了这种主宰模式,并且我们还能够阐释这种模式与男性性征间的关系。

　　对称的优越地位对应着平面镜的优越地位:平面镜可以用于男性主体在语言中的自我-反射及其建构为话语主体的过程。而单从平面镜上看,突然出现的女人只能作为由男性主体翻转而成的他者(他的另我[alterega]),或者作为她的(菲勒斯)欲望产生和变形的地方,再不然就是作为欠缺,因为她的性的绝大部分,也是历史上唯一有价值的那部分,是无法被镜面反射的。因此,当"女性"欲望来临之时,平面镜不再优越,对称也无法像在男性主体逻辑和话语中那样运转(参见问题一)。

"你在接受《解放报》(*Libération*)的采访时否认了平等这个概念。对此,我们表示赞同。你如何看待'女人权力'这个概念。如果女人突然出现在历史和无意识中——无意识'只能是'同性(男性)的——会发生什么:女性权力单纯取代男性权力,或者和平共处? 或者别的什么?"

声明如下:我认为,不该妄下结论,断言无意识就只能是同性(男性)的。如果无意识保留或维护了被意识逻辑和历史逻辑(从某种意义上说,到头来是一回事)压抑、查禁的女性,那纯粹同性(男性)的就不是无意识,而是对无意识的简化阐释以及这种阐释所维系的查禁和压抑。

显然,这不可能是女性权力取代男性权力。因为,这种逆转永远都只会发生在相同的体制中,在同一个体制中。这个体制中绝对不会出现我所谓的"女性",但可能会有菲勒斯式的"夺权"。但这似乎是不可能的：女人可以"幻想"夺权。这个幻想能够在有限的边缘团体中成真。但对于社会整体而言，这种权力的取代，这种权力的逆转，是不可能实现的。

　　和平共处？我不太明白这是什么意思。我认为，和平共处是不可能的。这是权力体制和战争体制设下的圈套。我们更应该去思考这个问题：尽管一切事物的存在和运转都印证了只有"同一种"欲望存在，但为什么就不能有"另一种"欲望？一种不同的欲望，这种欲望并未被"同一种"体制吸纳。你大可以说这是我自己的幻想，或者另一种幻想罢了。但为什么呢？再重申一遍，权力的逆转和更迭并不意味着他者——"女性"——的"到来"。但为什么不能有不同的欲望，不能有另一种欲望？相同的话语对差异性的抹杀，不正意味着一种不同的欲望吗？但这种欲望说着一种不光彩的心理学语言，总是"让人害怕"。所以，这种欲望总是把性别差异以及性关系的问题"隐藏"在恐惧之中。

☆

现在来到提问的第二部分，也就是有关"女人言说"的问题。

"是否应该说：另一种性别＝另一种写作

另一种性别＝另一种意义？为什么？"

能否简单地把写作和意义相对立或将它们当作可相互替换的？

B：应该是相互补充而非相互替换。写作和意义：两者相交但不相同。写作：侧重效果层面，如果能言说女性，那写作就是一种效果。而意义更侧重无意识，一种女性无意识……

答：关于这个替换的问题，我不知该如何回答。

B：问题在于"相等"（"等"号），而不在于这两个公式。

答：我不知道写作应该算是"效果"还是"起因"……这取决于对这个概念的阐释。我认为，另一种写作必然会带来另一种意义体制。由此产生了下列问题：如果一种写作不去思考自身对性别差异的等级划分，那这种写作是否就无法在字面意义的体制中生产和被生产？只要写作只被一种性"定义""实践""垄断"，那这种写作不就永远是一种不变的所有制形式内的生产工具了吗？

但还有另一种回答方式，不"直接"回答，而是借助柏拉图。在柏拉图看来，世上有两种模仿（mimesis）。简言之：一是作为生产的模仿，常见于音乐领域；二是在模仿、镜面反射、配合和再生产过程中的模仿。哲学史所推崇的是第二种模仿。其效果-征兆表现为歇斯底里症的潜伏、痛苦和欲望的麻痹。第一种模仿似乎总是被抑制，因为它被当作"主流"话语中的一块飞地。但女性写作正是基于第一种模仿才得以实现。下文论及歇斯底里症时，我们还会再回到这个问题上来。

"什么是双重（男性-女性）句法？"

这是指弗洛伊德本可以把句法分为意识的语法和无意识的语法，并让它们作为两种不同的句法分别运作,而不是将两者分为三六九等,让一者从属于另一者,分出个上下。

　　换个角度回答:男性不就是因为创造并"维系"了这种句法才得以掌握话语权的吗? 在这种句法中,在这种话语的秩序中,被遮蔽的女人——通常作为女人被遮蔽并作为主体而缺位——是用来创造"意义"(血肉?)、创造"内涵"的。这种话语的句法、这种话语逻辑的句法,以及更广泛意义上的这种社会组织的句法、这种"政治的"句法,不都是男性(还能怎样呢? 只要没有他者的欲望,这一切就只能是男性的)用来自我感发、自我生产或再生产、自我生殖或自我再现的手段吗? 男人就是同一,就是同一的唯一标准。男性的自我感发需要工具。和女人不同,男人需要借助工具来自我触碰:手、女人的性器和身体、语言。这种句法不就是按照某种体制逻辑,用尽一切来自我感发吗? 能够实现女性"自我感发"的"另一种"句法缺失,被压抑、查禁:女性永远都是被男性而且是为了男性而被爱抚。因此,需要让一种能够实现女人"自我感发"的句法发挥作用。这种"自我感发"绝不会被简化为同一体制,其句法和意义还有待找寻。(参见《此性非一》《"流体"力学》《当我们的双唇一起言说》)

在这一点上，精神分析的主张可谓是全然不顾女人的"自我感发"，尤其是它把小女孩们的自慰想成是在"模仿小男孩"。因为女人并非按照男性的"模式"来爱抚自己，来"自我感发"。女人无需"工具"便可被爱抚，女人在借助某种工具之前便可自己触碰自己，"在她自己身上"。但这样的说法"闻所未闻"——这或许能够解释，而且不止能够解释，作为他者的女人为何迟迟得不到认可，女人和语言的关系为何饱受争议。从这个观点上看，禁止女人自慰是多么可笑。因为，如何禁止一个女人自我触碰呢？她的性器"自身"无时无刻不在自我触碰。然而，为了阻止这种触碰，阻止女人性器的自我触碰，一切手段都会被用上：男性独尊、菲勒斯的统治及其意义逻辑和再现系统，这都是为了分隔女人与性器并剥夺女人的"自我感发"。

这还解释了为什么女人们没有欲望，为什么她们不知道自己想要什么：她们无法挽回地被断绝了这种"自我感发"，以致她们从一开始，尤其是出于俄狄浦斯情结，就被放逐出自我，无法延续-接近她们最初的欲望-快感，被带到了另一个体制中，根本找不回自我。

众所周知，女人们在伪装中找回自我。精神分析认为伪装符合女人的欲望。但我不这么认为。我认为伪装是女人收回了欲望的某部分，来参与男人的欲望，但代价是放弃自身的欲望。在伪装中，女人们为了留在"市场"上而服从于主流的欲望体制。但她们只是玩物，而非玩家。

如何看待伪装？尤其是弗洛伊德所谓的"女性特质"？我的看法是，这就是说，应该变成一个女人，而且还得是一个"正常的"女人；但男人从一开始就是男人。男人只需要是-男人（être-homme），而女人则需要变成一个正常的女人，也就是进入女性特质的伪装。女性的俄狄浦斯情结，就是女人进入一个不属于她的价值系统。在这个系统中，女人只有被包装在其他人（男人）的需求-欲望-幻想中才能够"现身"和流通。

如上所述，什么是女性句法，这个问题并不简单，也很难回答，因为在这种"句法"中，既没有主语也没有宾语，"一"不再被推崇，也不再有专属（propre）的意思、名词或表语……这种"句法"使用的是近似（proche），而且还是一种高度近似，以至于任何身份

歧视、任何从属结构以及任何形式的占有都不可能
存在。

　　"你可以举几个女性句法的例子吗?"

　　我认为,最容易辨认出女性句法的地方就是女人
的身体姿态。但因为这种姿态总是被麻痹或伪装,所
以有时会难以"读取"。女性句法还见于"在彼端(au-
delà)"抵抗或存在的事物中。在女人的痛苦和欢笑
中。还有当她们在女人中时"敢"——做或说——的
事情中。

　　如果人们没有堵上耳朵,那在女人在精神分析中
所讲的语言里也可以听到这种句法。

　　女人写出了越来越多的文本,另一种写作开始出
现,尽管它还是常常被主流话语压制。我曾尝试在
《他者女人的窥镜》中使用这种句法,但没那么简单,
因为一个动作就能把我打回男性想象。所以,我那时
无法,现在也无法,一下子就从容地运用另一种句
法——我也看不出哪个女人能够做到这一点。

　　"女人言说(parler-femmes)和女人间言说(parler-entre-femmes)之间的关系是什么？还是没有关系？"

女人间言说仍然有可能是男人言说(parler-homme)，但也有可能是敢于发声的女人言说。有了女人间的女人(这是妇女解放运动的一大关键，妇女解放运动不按照男权模式组织，也不要求夺取或推翻"权力")，在这些女人间之地，必然会有女人言说。这揭示了非男女混合(non-mixité)的欲望或需求：主流语言强大到女人不敢在男女混合中言说。

"女人言说和言说女人(parler de la femme)间的关系是什么？"

女人言说不是言说女人。不是要创造一种把女人当作客体或主体的话语。

也就是说，女人言说为"他者"女人提供了容身之地。

C：你的论述是否是在暗示，构建女人相异性(altérité)就意味着要构建男人相异性？

答：答案是肯定的，如果我听懂了你的问题的话。然而，是否该由我来谈论"他者"男人？这很奇怪，因为我总是被问到这个问题。我觉得这个问题很可笑……大家不停地问我什么是"他者"男人。为什么"他者"男人要说什么成了我的事？我希望并且期待看到的是，如果男性性征能够摆脱菲勒斯中心主义的控制，那男人们会怎么做、怎么说。而不是让一个女人去预料，去预见，去规定……

这也算回答了以下问题："女人言说和女人言说男人的关系是什么"。我认为，女人言说不再只是女人谈论男人。这意味着另一种联结男女语言和男女欲望的方式，而不是指谈论男人（parler des hommes）。这还是在推翻话语体制。女人言说，及其他方法，能够让女人对男人言说（parler aux hommes）……

"女人言说和歇斯底里症患者言说的关系是什么？"

我想问什么是歇斯底里症患者言说？歇斯底里症的女性患者会言说吗？歇斯底里症不正是用来保

守——"暗中"保守、"秘而不宣"——无法言说之事的最佳选择吗？尤其是保守女人和母亲、女人和她自己、女人和其他女人的关系中无法言说之事（就连弗洛伊德也这么认为……）。还有女性原始欲望中因被文化禁止而化为无言之事。在无法"言说"之上，俄狄浦斯情结又增添了沉默的法则。

歇斯底里症以麻痹的身体姿态，言说着说不出也不能说的话语……言说某个"既无法言说，也无法讲述"的东西就是它的种种症状。歇斯底里症的悲剧就在于，这种麻痹了的且被封印在身体中的姿态和欲望，与在家庭、学校和社会上习得的语言间的分裂。这种语言无法与欲望的"活动"相连，也不可能成为其隐喻。因此，歇斯底里症既沉默又模仿，在沉默的同时模仿。还能怎么样呢？歇斯底里症只能模仿-再造一门不属于自己的语言，即男性语言，它扭曲、曲解这门语言：它"说谎""欺骗"，而这些总是被归到女人身上。

女人言说正是要寻找这种姿态或这种欲望之语内部的延续性——这两者目前只能以病症或病例的形式被识别——以及一种语言（langage），包括口头语言。由此产生以下问题：精神分析是否在歇斯底里症的病症上叠加了一套法则,即一套阐释系统,但这套法则与困在躯体化症状和沉默中的欲望不相符?换言之,除了通过增加心理暗示来让患者更好地适应男性社会,精神分析能否换个方式来"治疗"歇斯底里症患者?

既然已经提到了歇斯底里症,那我就简单回答一下与之相关的问题吧。

"歇斯底里症,是一种女性神经官能症吗?"

这在当下难道不首先是一种"女性"的"痛苦"吗?尤其是歇斯底里症难以与母亲的欲望、与女人-母亲的欲望建立联系? 这并不意味着这种病只出现在女人身上。

"是一种(女性)神经官能症吗?"

这个问题是在问歇斯底里症是否是神经官能症,而非精神病;还是在问歇斯底里症是否是种病理?

任何一个有关歇斯底里症的问题都需要至少两种回答。

歇斯底里症是神经官能症吗，还是说，歇斯底里症偏向神经官能症？这个问题很难回答。如果一定要用这种分类，那我会说歇斯底里症更偏向精神病，但女人由于缺少语言，无法制定和男人一样的精神病体系。歇斯底里症是种病理吗？我认为：是也不是。文化，至少西方文化，把歇斯底里症当作一种病理。因为歇斯底里症无法在社会和文化的运转外存活……但这种"病理"很微妙，因为它还意味着对其他事情的保留。也就是说，歇斯底里症总是同时包括一股保留起来备用的力量和一股麻痹了的力量。一股力量因女性欲望从属于菲勒斯中心主义而总是遭到抑制；另一股力量因"感性"和"物质"都服从于理性及其话语而只能沉默和模仿。一些"病理"效果由此而来。与此同时，歇斯底里症中还可能存在另一种"生产"模式，主要是姿态的和语言的，却一直被暗中保管、维系。好比一种尚未到来的文化储备？……

"在弗洛伊德的阐释下重新理解的"女人言说"、他者女人的言说，是否就像希腊文明之下的米诺斯-

迈锡尼文明?"(参见《他者女人的窥镜》,第75页。)

　　弗洛伊德本人就是这么说的[1],比如,他承认在歇斯底里症的问题上,他忽视了前俄狄浦斯期的母女关系。但他表示这种母女关系因经年累月而泛白并被压抑-查禁,所以要回到希腊文明之中,去寻找另一种文明的踪迹,这样才能看清女人和母亲之间的古老欲望。

　　或许有人会问:如果出现了一种两性言说(parler des deux sexes),那歇斯底里症还会属于"女性"吗?那女人言说还会属于歇斯底里症吗? 这很难回答……

　　并且我认为,男人们只要稍微减轻一下对歇斯底里症的压抑,便可获益良多。因为,实际上,他们通过压抑、查禁歇斯底里症,已经力量大增,或者更确切地说,权力大增,但他们在与自己身体的联系上失去了很多东西。

―――――――

[1]　参见弗洛伊德的《女性性欲》。——译者注

☆

A："性多元"（multiplicité sexuelle）、对一种具备生产力且天真无知的无意识的发现——或者说，家庭范畴外的多态（polymorphe）倒错，不都让人进一步摆脱对称和/或男性想象的旧梦吗？

答：首先，我要提出一个问题：这种性多元是否类似于弗洛伊德所谓的儿童的多态倒错？弗洛伊德根据男性模式来分析多态倒错并将其归到同（même）、一（un）、同一（même d'Un）的体制当中。

不要忘了，弗洛伊德写道："一开始，小女孩就是小男孩。"男性，"从一开始"，就是用来描述和规定女孩欲望的模板，甚至先于俄狄浦斯情结。弗洛伊德口中的女孩的阉割情节（他将其视作律法），只有在女孩只能有男性欲望的前提下才能成立。你们同意这样的主张吗？弗洛伊德分析的那样的多态倒错，符合女孩的欲望-快感吗？

比如，在对多态倒错的描述中，很少涉及"流体"关系中可能存在的快感。肛欲期就已经是"固体"快感了。但我认为，流体享乐在口欲期之后还继续存在于女人身上："某物流淌"在她身上、在她身外，甚至是在她们之中，这就是一种快感。这只是一个例子，还有其他例子，能够说明这种多态倒错仍被男性模式规定和"正常化"。而且，整个社会都在压抑女人的肛欲快感。当然了，这份压抑总是由女人来承担。这一现象需要被重新思考：不仅要在欲望话语，或者有关欲望的话语中重新思考；还要在对整个社会-文化运作的阐释中重新思考。

A：也就是说，我，从某一时刻开始，我就完全不懂什么是男女对立了。 我不懂什么是男性话语。

答：这是当然，因为没有其他可能。

问题在于，男性论述中能否具备相异性，或者能否出现相对于男性论述的相异性。

对此，我想提出另一个问题（其实是同一个问题）：女人能否在这种多元"体制"中找回她们的享乐？我之所以问什么事情会发生在女人身上，绝不是为了抹杀这种多元性，因为没有这种多元性，女人就不会产生快感。但如果多元性与性别差异无关，那不就会阻拦、剥夺女人的享乐吗？ 也就是说，如今在这种中性(尤其是从性别差异的角度上看)的欲望中有女性的容身之地吗？只能再去模仿男性欲望。"欲望机器"难道不是部分取代了女人或女性吗？它不就是男人用来指代女人的一种隐喻吗？尤其是从男人与专家统治(techo-crtique)的关系上看。

或者：这种"精神病"能是"女人们"的精神病吗？如果能的话,那这种精神病不就阻碍女人享乐了吗？至少阻碍她们自己享乐？也就是说,阻碍一种与性别化物质的抽象(中性?)的享乐不同的享乐。男人能够在"变成女人"的幻想中发现并享受这种享乐,但这种享乐对于女人来说是再熟悉不过的了。对于她们来说,"没有器官的身体"不就是一种历史的境遇吗？女人不就又一次面临(她的)这些尚未领土化的空间被强占的风险了吗？她的欲望正是会在这些空间上产生。女人被要求同时保持"身体-物质"和"没有器官"的状态,"没有器官的身体"不就填补了她们的分裂吗？她们身上的欲壑？她们还是并且总是"童贞"的欲望？为了把"没有器官的身体"作为享乐的"起因",不该与语言和性器(器官?)建立联系吗？但这是女人从未有过的。

A：你抨击的"变成女人"（devenir femme）和女性的"女人-降临"（advenir-femme）之间有何不同？ 这难道不是在重新建立差异吗？ 这种差异如何摆脱等级关系？ 因为差异，我们不还是处在等级关系中吗？

答：不，不一定，除非我们还在同一的"帝国"中。

B：等级关系必须以同一为前提：同一需要掩盖并消灭差异，等级关系必须以同一性为前提。

A：我认为，不管怎样，弗洛伊德的多态倒错发生在前俄狄浦斯期，性别差异当时还没有建立。

答：这难道不会让你们产生疑问吗？或许，对你们来说，性别差异对应着生殖性（génitalité）？这就解释了我们之间的误解。不要忘了，女孩在"生殖性"出现之前就已经具有了与男孩不同的性别化身体。显然，生殖性不过是正常、标准的性欲模式罢了。我说要重新思考性别差异的问题，显然不是在说"生殖性"。但认为生殖性出现之前不存在性别差异的主张，就是让"女性"屈服于一种更加古老、更加强大的模式。

A：你如何看待家庭主义（familialisme）？ 你说

弗洛伊德忘记了母女关系。那对于女人而言，什么是母亲？

答：对于家庭的问题，我的回答简单且直接：家庭就是剥削女人的地方。所以，在家庭主义的问题上，没有什么好含糊的！

E：为什么家庭不能同样是异化男人的地方？

答：当然，异化总是相互的。但是，有史以来，占有并不是在任何方向上都能成立的。在父系家庭和父系社会中，男人是女人和孩子的所有者。不承认这一点就是在否认历史设下的所有限定。拿"母亲的权力"来反驳也改变不了什么，因为母亲的权力只存在于男人组织起来的系统"内部"。在这种"男权主义"的权力中，男人并非一无所失：他失去的主要是自己身体上的享乐。但有史以来，在家庭中，正是男人-父亲（homme-père）把女人和孩子的身体、欲望和工作当成自己的所有物去异化。

另一方面，我提到与母亲的关系，其实是想说，在我们的父系文化中，女孩根本无法控制自己与母亲的关系。女人也无法控制自己与母性的关系，除非把自己简化为母性。从你们的问题上看，你们认为做母亲和做女人之间没有区别。不需要女人自己把这两种欲望联系在一起。但我们应该问问女人们是怎么想的，或怎么"体会"的……

就算没有家庭，也不妨碍女人继续创造女人。然而，在当下社会-文化运作的逻辑中，女孩根本不可能参考自己的母亲来给自己定位：因为女孩没有自己的名字、意义、性别，并且不能借助其中一个人去"识别"另一个人。弗洛伊德从容地抛开了这个问题，并说女孩要想进入俄狄浦斯情结，就要离开并仇恨自己的母亲。这不就是在说，在我们的价值系统中，一个女孩不可能处理好她与带她到世上的女人之间的关系吗？母亲：不一定非要是家庭的母亲。母亲是生育、喂养、带大女孩的女人。如何才能解除这两种女人间的关系？这一例证就说明了文化为什么迫切需要另一种"句法"、另一种"语法"。

E：在你作为分析家的实践中，你是如何做到女人言说的？

答：当我在这里言说的时候，站在我所处的背景和立场上，区别可能并不明显……难道只能根据大量的困惑、不确定和问题,或其他吗?而这意味着缺少一个已经在某处确立,并提前规定了我的语言的系统。然而,我不能用一种简单的方式来让你们明白什么是"女人言说":这能说,但不能用元语言说(se méta-parler)。

E:如何既是女人,又是分析家,还是,比方说,教授?如何跟说的人和听的人做"女性言说"?在此,有一个人在说,还有一群人在听。

答:我之所以今天和你们言说,是因为我之前听了你们给我提的问题。但单从流程设计上看,这样的安排实在是让我十分困扰。显然,当我这么说话的时候,在某场研讨会、讲座、会议上……我只能被迫使用最常用的话语。我试图避开这种话语,并试图证明或许还有一种不可化约的界外(dehors)存在。但,为此,我必须先使用常用的语言、主流的语言,是的没错。

但你们提问的形式很有趣。这意味着:怎么才能既是"女人",又"到街上去"?也就是在公众场合,成为公众人物。更进一步,这涉及说话的方式。重新回到家庭的问题上:为什么女人属于私人住所,却不总是被困在家中?一旦女人离开了家庭,人们就会奇怪,就会问她:你怎么能既是女人,又同时,出现在这儿?如果你是女人,在公众场合抛头露面并敢于说出你的欲望,那便会引发公愤和压迫。你坏了规矩,尤其是坏了话语的规矩。显而易见,这就是为什么你被大学,甚至是被所有机构拒之门外(参见问题录四及其回答)。

D:机构的回应是可以预见的,这也正常。但让我震惊的是,你想要成为分析家。你有成为女分析家的欲望吗?我认为,想要成为分析家只可能是出于权力欲望。

E:你刚刚说无意识与女性有关,并且对无意识的传统阐释太过简单。要想成为女性分析家,就必须成为反-分析家,前提是"分析家"这个词在这里划定了它与机构和无意识阐释之间的关系。

答:成为反-分析家,或许这和成为传统意义上的分析家算是同一个问题。"反"(anti)不还是,而且一直是在同一的体制中吗?我不是"反-分析家"。我试着解释分析机构的传统运作,依据是:分析机构对女性性状的无视、支持分析机构的男性同性恋意识形态,尤其是分析机构的权力关系。

B:就此而言,分析机构的传统运作从来就没有做过任何分析,因为无意识的阐释把无意识归为男性,致使其被掩盖,毕竟无意识也与女性有关。从某种意义上说,机构的分析不算是分析。

答:我想说的不止这么简单。我想说,精神分析在某些方面太过简单,而这些方面让人无法忽视……它矛盾地坚持性别无差异,因为,对它而言,女性永远是根据男性模式来确定的。我想说,令一些人遗憾的是,精神分析很不幸,并不引发,或者不再会引发"瘟疫",但它对社会秩序太过顺从。

D:你是否想要在男权精神分析的框架下——不论是弗洛伊德学派还是拉康学派——创造另一种分析或者另一种分析运作的模式,我愿称其为"女人-分析"(analyse-femme)?又或者,你是否想要在这一框架下,创造另一种不叫作分析的聆听,以摧毁分析的运作……

答:我的回答是,我到底是在机构"内"还是机构"外"?这个问题与我无关……

我是否想要"创造一种女人-分析"?是也不是。

应该说，我尝试聆听并阐释无意识，为使其在性别差异的问题上能一视同仁。

在这些写好的问题中，有一个问我是否还会分析男人。当然了。毕竟我想要重新确立的，正是这种性别差异，并且不让一种性别从属于另一种。

你问我是否要摧毁分析？我更想要分析其运作方式，并借此修正其实践。

G：作为"女–分析家"（analyste-femme）你是如何倾听的？我想说的是，男分析家或女分析家的分析式聆听，一直以来都处在男性审视和洞悉的结构中。而你之所以能不站在"洞悉"的立场上，是借助了何种沉默的问题或句法？换言之，"男人"的耳朵是用来"看"的，那你的耳朵有什么作用？

答：我认为，这不是或者不只是"作用"的问题。因时间有限，我回答你们的问题时，都答得很快，也很隐晦……简而言之，我会对你们说，你们自己已经回答过这个问题了……就分析而言，我们可以按照传统的理论模式，推崇某种"可见"（visible），这种可见与真理和本义相关……因此，我的耳朵可以分辨、鉴别、区分和阐释这种"可见"。我的耳朵既可以用于远距离感受,又可以优先听取"语法正确"之物。或者,它还可以被人用其他的方式触碰。

G:"被人用其他的方式触碰",这是否意味着触碰一个再也不会被限制在言语、语言整体和身体层面的地方?这是否意味着能够让这个"他者"的统治扩散到全身和整个语言,但不给它命名。

答:如果我没理解错的话,事实的确如此。这意味着人们应该理解并创建的是另一种"句法"形式:语言和身体上的。我还要补充一点,只要你在聆听时不夹带对意义、语法正确和可见的偏向,那你作为分析家,你自己的身体就不再受这种屏障或参照的保护,就此,我们可以重新思考一下所谓的"善意的中立"……所以,在移情中要采取其他方式。

G:我认为,这就是精神分析之梦。

答:我不太理解这句话的意思……

G:又回到了对"同一"的伪装上,那伪装之外便是"他者"了吗?

答:这有点操之过急……但我相信事实的确如

此。如此一来,我们便能摆脱主流的观看(scopique)体制,进入一种流体(flux)体制。

　　正如人们所言,如果我要写一份疗法报告的话,我会另辟蹊径:我不会只对男(女)被分析者的移情进行"叙述"、剖析和阐释;我会重现两种移情。这就是分析权力的一大关键。分析家们当然也有一种移情。但他们要不就借助善意的中立或已经确立的理论来为自己的移情辩护,要不就是对此一言不发。

　　G:这意味着要和法律的精神分析以及男人的精神分析决裂……

问题录一[①]

　　问:是什么动力激励着你继续研究?

──────────

[①]　以下三篇问题录记录了一场博士论文答辩(1974年10月2日,温森斯大学哲学系)中,答辩委员会成员们直接或间接提出的问题。

答:我是一个女人。我是一个性别分类为女的存在。我被分类为女性。我研究的动力就在于,这样的陈述没有办法说出口,事实上,产生这种现象是荒谬、不合理、不适当的。要么,女人的属性永远不可能是存在(être),也不可能是性别分化为女的存在;要么,"是一个女人",但这句话的主语不是"我";要么,我是具有性别的,但性别分类不能为女。

换言之,受本相(eidétique)的、结构的原因影响,话语无法说出我的性别的真相。为了保障话语的连贯,我的性别被谓述(prédication)排除在外,至少是作为主语的属性被排除在外。

所以我可以巧妙地以性别分类为男(不论承认它与否)或者无性别分类的身份说话。否则,我便会进入通常被归属于女人的不合逻辑的状态。由此,我所有的陈述内容都可能会成为或被迫借鉴把我的性别排除在外的模式,这意味着我对陈述行为的预设和陈述之间存在差距,并且,因为我模仿不符合自己的"理念"或"模式"(况且我本来就没有)的事物,所以在拥有自己的"理念"或"模式"的人面前,我显得低人一等。或者,依照现行的法则来看,我会是难以理解的,并会因此被说成是不正常的,甚至是病态的。

这种针对女性的话语困境——人们将其视作合理性自身的局限,或女人在连贯言说上的无力——成了一个问题,甚至引发了一场危机。这个问题可以从很多区域性的角度来分析,但要想解释清楚,就必须借助主流话语。主流话语一锤定音地规定了语言的结构,对其他话语以及其他话语之上的话语——众话语的话语,即哲学话语——发号施令,目的是质疑其对历史的操纵和统治。

但这种哲学的主宰——这是《他者女人的窥镜》的核心议题——并没有简单地正面迎击,也没有单纯局限在哲学内部。所以我们应当借助其他语言,但不要忘了其他语言对哲学的借鉴。我们还需要接受沉默和失语症的症状——不论是历史性的-歇斯底里的(historico-hystérique),还是歇斯底里的-历史性的(hystérico-historique)——以求女性身上某些被当作哲学局限的事物能够被听到。

问：你的研究方法是什么？

答：这是个很微妙的问题。因为方法和求知之路不总是用欺骗和诡计来改变女人的前进方向，让她们步入歧途，直到被人遗忘吗？"方法"一词的第二种意涵——弯路、欺骗和诡计——也算对它的第二种翻译。要想重新开启女人的道路，尤其是通过语言并在语言中开启，就需要明白方法从来不像女人承认的那般简单，需要明白她为之奉献的那套目的论的、被目的论地建立起来的方案永远是，在同一和他者的诡计中令她改变方向、步入歧途、化为虚无的方案；抑或是在她哲学方法最广的一般性——"女性的"中。

所以要摧毁婚姻这类工具，但正如勒内·夏尔所言，也要利用它们。工具并非女人的属性。但女人可以重新利用工具在她们身上、在她们身体中留下的烙印。换言之，我该去和哲学家们调情。这可不是个简单的任务……因为，要走哪条路才能进入他们如此严密的系统中呢？

最初，或许只有一条路可走，这就是指派给女性境遇的那条道路：模仿。但这个任务本身就很复杂，因为这意味着要顺从任何事物，或者说所有事物。要重复（redoubler）任何物、任何人，要接受所有烙印，但无须将其占为己有，也无须再增添什么。唯一的可能性就是哲学家的（自我）反射，就像是柏拉图口中的廓落①（chôra），也像是主体之镜。

要想回到哲学之家，同样要能够胜任物质的角色：母亲或姐姐。这类角色总是要不断地维持反射，不仅要成为一种资源——"相似性"的红色血液②，还要成为思考的废弃物（déchet），被疯狂这种拒绝透明之物抛弃并排斥在外。

和哲学家调情同样意味着保留镜子上无法自我反射的物件：它的镀锡层、它的光亮，也就是头晕目眩、心醉神迷。作为用来再生的物质、用来重复的镜子，哲学家的女人还需要保证一种通常在超验维度上被推论出来的自恋，但对此一言不发，甚至一无所知。

---

① "廓落"这个哲学概念出自柏拉图的《蒂迈欧篇》。柏拉图将其视作一个"容器"（receptacle），是一切生成之母。——译者注
② 另见本书第215页对安提戈涅故事的分析。——译者注

这个秘密永远不该被公之于众。只有在最大程度上避免秘密被窥探才能完成这个任务:维护无法自我反射的童贞。全然"神圣化的"享乐。

尽管这是次要的,但哲学家的女人还是要美丽动人并展示出所有的女性魅力,好吸引往往沉浸在理论思考中的抽象目光。

这种女人,也就是每一个男人的女人,必须全身心服务于"哲学家"的各种形式的"自我"(auto),毕竟哲学话语主导着历史。而在情爱上,她可能只是哲学家和他自己以及和他同类的情爱所需的中介。

她之所以能够如此出色地扮演这个角色,之所以没有因此而备受折磨,是因为她对此有所保留。因为她仍然存在,但却不存在于这个自己能很好地按照要求进行模仿的地方。因为她自己的"自我"对这出戏而言还是一个外来者。但或许应该让她重演一遍,好让她回想起那个被这出戏彻底新陈代谢,以致她自己也遗忘了的事物:她的性别。她的性别对整个再现体制而言都是个异类,因此被排除"在外",但恰恰是她的性别才能解释再现体制。因为它既不要求"一",也不要求"同";既不要求再生,也不要求再现。还因为它因此脱离了这种普遍的重复,不再只是被当作同一的他者。

因此,正如黑格尔(Hegel)所言,女人意味着对共同体——男人的共同体的永恒的反讽。只要她不想和男人们画等号,那她就不会进入一套需要把女人简化为同一才能构建自身系统性的话语之中。

问:你研究的结论是什么?

答:最后,我提出了一些主张以作结论。

第一,弗洛伊德把性别特征当成他的话语的对象,但这并不一定意味着他阐释了什么是话语——尤其是他的话语——本身的性别化(sexuation)。弗洛伊德并未从性别差异的角度分析话语产生的前提。或者说,他的实践和理论对再现场景的质疑并不成立。这些问题被再现场景压抑,成了弗洛伊德所谓的无意识。这些问题还被再现场景无视,成了词义限制、事后延迟、"死亡冲动"等对主体论述造成的影响。而这些问题并不涉及再现场景的性别化。因为缺少这种阐释,弗洛伊德的话语仍然局限在形而上的体系之中。

第二，从严格的哲学角度上看，人们可能会问：如果将话语的性别化纳入考虑范畴，是否就无法实现另一种超验关系？这种关系既非单纯主观，又非单纯客观；既非单纯中心化，又非单纯去中心化；既非唯一，又非多个，而是作为我所谓的系词（copule）①的处所——但它直到现在还总是被当作绽出。所以要对"是"（être）做出阐释：在一种否认性别与语言间的联结的话语体系中，"是"一直（反复）承担着联接的作用。

第三，除非女人在与语言的关系中的"特性"被承认，否则上述现象就无法发生。我在写《他者女人的窥镜》时就尝试实践另外一种"逻辑"，并且我在《无法勾勒的体积》（L'incontournable volume）②中就已指出了这种逻辑的部分要素。这种逻辑拒绝任何话语的闭环，也就是拒绝任何的始基（archè）或终点

---

① 在法语中尤指动词 être，意为是、存在。——译者注
② 即《他者女人的窥镜》中译本第二十三章"容积——易变流动性"。——译者注

(télos)。这种逻辑推崇"邻近"而非"自身",这种"邻近"并不(反复)受困于哲学传统的时空体系。这种逻辑带来了另一种与单位、个人身份、真理、同一,以至相异性、重复,再至时间性的关系。这种逻辑"以不同的方式"再次横穿了物质/形式、力量/行为等二元组合。对于女性而言,他者存在于(阴性的)一之中,她与他者之间的关系不存在平等、相同、从属或占有……这或许是一种交换体制,具备各种模式,但还尚未发挥作用。

为此,我们需要重新经历一遍思辨(镜映)的过程,而这个过程正是我们的社会和文化运作的基础。主体间的关系总是,明里或更多的是暗中,依靠平面镜,即依靠推崇男人与其同类之间的关系的东西。平面镜往往已经支撑并经历了思辨的过程。在这个过程中,平面镜引发怎样的线性投射、回归自我(作为)同一的循环以及身份的点状分裂? 哪个"主体"最终能够从中获益? 哪个"他者"会被降格为否定项难以体现的功能? 这种难以再现的功能混入这个镜面,包括没有映像的空白处。话语的历史进程就投射并依赖于这个镜面。或者,在平面镜中,晦暗不明且沉默不语的母体被委派了"物质"的角色。为了将来的思辨(镜映),母体作为某个二元组合中的一元而被保留。我们还未消除二元崇拜的余孽。关键在于阐释镜子的介入,阐释镜子在自身光亮所产生的无法反射的目眩中保留下了什么,阐释镜子它彻底的切割中凝固了什么,在"他者"的流动中冻结了什么,当然还包括颠倒了什么。

因此,我们不仅要重新思考镜映和思辨对历史的统治,还要建立另一种允许女人和"她自身"的关系及其与同类的关系存在的镜映模式,因为镜映是对能言语的动物不可或缺的一大维度。而这意味着镜子要弯曲,要一分为二,无法再次侵占精神、思想和主观性的"内部"。所以需要窥镜和凹面镜的介入。这打乱了完全按照"男性"标准合成再现场景的模式。这类标准阻止女人参与交换,除非是作为男人间交易的物品或可能性。

第四,这让人想到了这项研究所涉及的政治问题——无论是狭义的还是广义的政治。妇女的"解放"需要经济转型,而经济转型必然要通过文化及其操作平台——语言——的转型。如果没有对文化的整体语法进行阐述,女性永远都不会存在于历史中,要不然就是作为储备物质和思辨的容器存在。正如安提戈涅（Antigone）①所言：她和他之间，什么都不能说。

问题录二②

问：……既然你在此是为了"回答"有关"女人"的问题（并代表女人）……

答：我既不能回答有关（répondre sur）"全体"女人的问题，也不能代表（répondre de）女人回答。

如果我企图这么做——被迫同意或主动要求——那我只会再次把女性问题困在压抑它、查禁

----

① 古希腊作家福克勒斯所创造的悲剧作品中的人物。她不顾国王禁令，以遵循"天法"为由埋葬了她哥哥波吕涅克斯。她因此被判处死刑，最后自杀身亡。她对城邦法的控诉则被称为"安提戈涅之怨"，象征着自然法与制定法之间的冲突。——译者注

② 为1975年2月26日的《对话》节目，菲利普·拉古-拉巴特（Philippe Lacoue-Labarthe）准备了一些问题。本文只碎片化地截取了一小部分问答。《提问》和《回答》都是以书信的形式沟通进行的。

它,至少是轻视它的话语之中。因为,我并不是要把女人变成某个理论的主体或客体,也无法将女性归为某个统称,比如女人。任何一种专属意义、专有名称或概念,也就是女人这个统称,都不能用来表达女性。我在用"女人"这个词时,总会指明其用法上的模棱两可:它可以指"全体女人",也可指"一个女人",这表现出女性被论述法则排除在外的地位,但这并不意味着女性就要因此退回任何语言都无法参透的经验论之中。

问:……我在此就是为了扮演"提问者"的角色,这是种苏格拉底式的反诘……

答:"苏格拉底式的反诘"是不可能的,尽管引出可能性,再将其推翻,也是很重要的。倒反,亦指(权力的)推翻,仍在同一内部运转,也就是逻各斯体系所推行的同一。为了让他者——并非是"男性"主体反转后的另一个自我(alter ego),或者是他的补充物,抑或是他的附加物,而是"女人"这个他者——不被困于再现系统中(这种系统的计划或目的论就是让他者沦为同一),就必须阐释倒反、推翻的整个过程,将其阐释为试图加倍排斥再现之外的事物，即他者，即女人。把女人放在苏格拉底的位置上，就相当于重新赋予她对话语的主宰。这个位置通常属于"男性主体"。更确切地说，属于作为菲勒斯的"主体"。任何由女人发起的"理论"建构——当然我们还需要重新考虑理论的地位问题——都不得不承担这一功能，根本无法想象还有另一种功能存在。这充分证明了——如果还有这个必要的话——菲勒斯主义以一种占有的姿态，不断地以自我为中心。从内向外或从外向内发信号的事物，总是要回归菲勒斯主义的权力及其论述体制的循环之中。

　　问：……在我看来，你急需为你的研究工作作辩护，因为你的研究引发了一些反响，而这意味着……

　　答：我的研究所引发的反响意味着什么，我想我已经回答过这个问题了：处于主宰地位的人不会轻易放手，甚至不会想象还有其他可能。这种情况可能已经被"排除"了。换言之，"男性"并不准备分享发言权。男性更喜欢练习讲述、描写、享受"女人"，而不是留给这个她者(cette autre)介入的权力,也就是女人眼中的"行动"的权力。当然,女性最被明令禁止的事情就是表达与她的享乐有关的事情。她的享乐应该停留在由男性创造的话语"领域"。实际上,女人的享乐就是这种话语最大的威胁。也就是其最大的无法消除的"外在性"(extériorité)或"域外性"(exterritorialité)。

问:……还鉴于,你的研究工作在当今理论领域的地位……

答:通常情况下,女人的作用就体现在她充当两个男人间带有竞争性的交易的筹码,包括她从父亲那里被让渡给丈夫的过程。就像一个商品,从一个所有者到另一个所有者手中,从一个买家到另一个买家手中,是可供两者交换的货币。最近的一些事件——比如我被温森斯大学开除,但不止这一件事——已经很好地"展现"了与女性地位相关的事情:女人处在哪个场域? 她的"父亲"是什么? 以及,她的"专有名称"是什么? 她属于谁? 她来自哪个"家族"或"顾客"? 如果这些问题无法被妥善"解决",那维持现行体系的唯一方式就是放弃。显然，商品永远都不能开口说话，更不能自行进入市场……因为，这样的举止彻底颠覆了主体间的交换经济体系。

　　问：……一个女人进入到"女人理论"或"女人理论"的解构中意味着什么？……

　　答：认为我"进入"了"女人理论"甚至"女人理论"的解构，这样的说法其实并不准确。因为，在这样的市场中，我根本无话可说。我只能充当一个被交易或交换的物品来维持贸易。有另一种不再遵循同一逻辑的交换模式存在，简直难以想象，甚至是无法想象。但只有在这一条件下，女人的语言和快感才会真的出现。但它发生在没有夺取、控制的"别处"，在只有男性欲望存在的体制之外。换言之，我们不能说全体／一个女人"进入"某个理论，除非这个理论"执行"了系词的功能，而非占有"是"或被"是"占有。但这也就无关进入，也无关理论了。轻视、沉默、否认但却利用一个女人为找到她的享乐所对应的语言所做的"工作"，这充分证明了我们还没有步入别处……

问：……为何在此和一个职业是哲学家的男人说话（对话）？……

答：为什么要试着和一个男人说话？因为我想要的不是创造一套女人的理论，而是要在性别差异中为女性寻得一处安身之地。这种男女差异总在再现体系"内部"运作，而且还是（男性）主体的自我再现体系。并且，这些再现体系另外创造了很多差异来填补实际上缺失的性别差异。因为一个性别就算加上它的欠缺、萎缩和否定也变不成两个。换言之，女性向来都被定义为男性的反面，甚至是背面。所以，我并不是要让女人在这种欠缺和否定中立足，哪怕我将这种欠缺揭露；也不是要把女性作为"性别差异"的标准从而推翻同一性的经济；而是尝试实践这种差异。如此一来，相对于你这个男人而言，我，作为女性，能够拥有何种别样的阅读、写作、阐释和证明的模式？这种差异能否不再次导致等级分化，导致他者从属于同一？

哲学需要思考的，正是女人的问题——这又回到了性别差异的问题上。除非天真地——或者有时在策略上——接受某种区域性或边缘性的局限,以求哲学话语——这种为他者制定律法的话语——不被破坏。因此,我们需要质疑和打乱的正是哲学秩序,因为它掩盖了性别差异。精神分析本身并没有充分阐释哲学权威对所有话语的影响,因此其理论与实践都对性别差异视而不见。精神分析的实践和理论的确质疑了哲学论述,但它仍有可能被大规模地重新纳入哲学论述之中,而非进入女性性欲的"问题"。事实也的确如此。所以,这一方面是因为精神分析仍然有可能是哲学的一块飞地;另一方面是因为我作为女人无法解决这个问题,除非我能抵抗这种再侵占,除非我想和一位男性哲学家"对话",而他同样关注精神分析理论以及女人的问题,当然还包括侵占的问题。

问:……对于如今各种名义上的"妇女解放运动"而言,这一举动意味着什么? 与"女人间的女人"的决裂是出于什么原因? ……

答:这一举动对于妇女解放运动意味着什么? 这么说吧,乍看之下,这确实如您所言,像是一种决裂。这意味着,在政治上支持"妇女解放"需要,甚至是只需要，一直待在女人中间的经验事实……女人，要不就待在男人身边，做个为了/被他们侵占的感性的物体、形象、观念；要不就待在女人中间，但这最终不还是会回到同一吗？上述抉择难道不还是在维持唯心主义的逻辑吗？但这并不是说女人不需要这么做。尤其是就政治策略而言。女人作为私有财产的筹码和为了/被话语侵占的筹码，总是被迫雌竞。所以，为了提高女性反抗的效率，就必须要创造一个"女人间"（entre-elles）之地。一个"意识"（prise de conscience）之地：个体或集体意识到针对女人的压迫。一个"承认"（reconnaissance）之地：承认一个女人为了/借助其他女人所获得的女性快感。一个女人重新聚集之地。但对我而言，如果这个地方封闭在自身的诉求甚至是欲望当中的话，那它将会变成推翻历史的乌托邦，幻想女人夺回权力——尤其是菲勒斯的权力——的黄粱一梦。并且，这其实是在模仿男人间的社会，女人还停留在指派给她们的职能上。只不过，女人能否摆脱男人，构建属于她们的社会？

　　因此，您所谓的"决裂"——但我并不这么认为——也算是战略所需，至少有以下两个原因：第一，如果女人不分析甚至不实践男人主宰的制度，就无法探究女性受到的压迫。第二,对于女性而言,问题——根本问题?——在于话语逻辑的运作。需要并且最好通过这种迂回来处理问题。比如,在话语逻辑在经验和先验、感性和智性、物质和观念间的对立和分裂上,这种等级结构总是把女性置于相对于语言而言的低等的、被剥削的、被排斥的地位上。但与此同时,这种结构肯定了性关系的不可实践性,如果我可以这么说的话……性关系又回到了男人以女性为中介的自我感发,他们将女性纳入到了自己的语言中。所谓的相互并不"真实"。因此,我们需要回到语言的这种"专属"特性上去,并从以下两个角度思考:一是,其被唯一的男性主体占有-挪用(appropriation-désappropriation)的双重运动;二是,女性依然沉默、依然无法"自我感发"和"自我再现"的状态。如果应对男人间的男人的唯一办法就是女人间的女人,那在场的逻辑、存在的逻辑、所有权逻辑的运作基础——性差异因此被继续抹除——便很有可能延续下去,甚至愈演愈烈。与其固化男女对立,不如试着不分等级地列举这种语言差异。您所谓的与"女人间的女人"决裂便由此而来。我们同样需要与"男人间的男人"决裂,哪怕这更难实现,因为这种状态正是男性权力当前形式的基石。

问：……至少，我们知道你最关心的事就是避免把"女人的问题"想得太天真。比如，只是单纯颠覆看待问题时的男性立场（只是单纯颠覆"菲勒斯统治主义"等）。

答：我认为，实际上，我在回答前面的问题时，在写《他者女人的窥镜》时，就已经"回答"过这个问题了。《他者女人的窥镜》显然不是一本有关女人的书。更不是人们想的那样，"思虑周全的女性中心主义"甚至有人将其投射为颠覆价值的希望，对阴性的一，或者说对女人有利的"象征垄断之地"。这样的想法实在是天真，天真到忘记了如果不对象征本身展开质疑，那女性之地就根本不成立。但我们并没有就这样放弃颠覆的想法，我们尤其不会因为相信能够省去对菲勒斯统治主义的严谨阐释就做此种放弃。但没有任何一种简单可行的方法能让我们跳脱到菲勒斯统治主义之外，无法单凭身为女人的事实，就断定我们已身处菲勒斯统治主义之外了。我之所以在《他者女人的窥镜》中试着重新穿越"男性"想象，即我们的文化想象,是因为我不得不这么做。这一方面是为了指出有可能存在于想象"之外"的地方,另一方面是为了让我以女人的方式置身其中:既被牵涉其内,又被排斥在外。但在我看来,这种过剩必然会导致性的关系的发生,而非菲勒斯权力的颠覆。对于这种过剩,我"首先"会报之一笑。摆脱世俗压迫的第一次解放?菲勒斯,不就是意义的严肃性吗?或许,女人和性关系会在笑声中"率先"超越菲勒斯?

并且,女人间的女人就是从笑开始的,要想避免只是单纯颠覆男性立场,那无论如何都不要忘了笑,也不要忘了声明要说明意义的话语所具备的严肃性(一致、单义、真理……)无法翻译、再现或接受欲望和快感。不论是男人掌握话语还是女人掌握话语。但这并不表示人们应该什么都说,而是意味着,说真话成了女人享乐以至于性关系的禁忌,将她的权力以及权力本身掩盖在话语的立法权下。并且,女人如今受到的最恶毒的压迫就在于,男人想要掌握有关享乐的话语权,包括有关她的享乐的话语权。

☆

问题录三①

问：你能否介绍一下你的研究工作和妇女解放运动有何关系？

答：在回答这个问题之前，我想先明确两件事：

第一，我没有办法告诉你妇女解放运动中正在发生什么。即使我想要回答你的问题，但这个问题无法"从外部"观察、描写和讲述。

第二，我更喜欢使用"妇女解放运动"的复数形式。实际上，如今的女性斗争具备多种多样的团体和派别，将其归为一个运动可能会导致等级分化、争夺正统之类的现象出现。

回到我的研究工作上来：正如我曾经说过的那样，我尝试重新穿越男性想象，阐释它是如何把我们置于沉默、失语或者模仿之中的。在此基础上，我还

---

① 汉斯·里茨尔·福拉格（Hans Reitzels Forlag）与弗里德里克·恩格尔斯塔德（Fredrik Engelstad）在一场访谈中提出了这个问题（奥斯陆帕克斯出版社负责出版）。

想要(重新)找到一个属于女性想象的空间。

但这显然不是一项"个人的"工作。漫长的历史把所有女人都置于相同的性别、社会和文化境遇之中,尽管女人之间存在不平等的状况,但她们全都忍受着相同的压迫,她们的身体受到相同的剥削,她们的欲望遭到相同的否定,但她们甚至都没有清楚地意识到这一点。

所以,女人们必须聚集起来,聚集在"她们中间",这至关重要。这是为了让她们摆脱男性社会指派并灌输给她们的位置、角色和姿态。这是为了让她们在女人之中相爱,尽管男人实际上策划了女人间的竞争。这是为了探索另一种"社会性"(socialité)的形式,不同于一直被强加在她们身上的这种。解放运动的第一要务就是要让每个女人都"意识"到,她在个人经验中感受到的事物是所有女人所共享的,这能够使这种经验政治化。

此处的"政治"是什么意思?还没有,或者说暂时还没有"女人政治",至少广义上的女人政治还并不存在。若有朝一日真的出现了女人政治,那它定会与男人创立的政治大相径庭。因为对女人身体的剥削所引发的问题超越了现在仍被承认且还在实行的政治的议题、纲要，当然还有"党派"。但这并不妨碍这些政党想要"回收利用"女人的问题，让它们在政治上有一席之地，借此将其再一次纳入他们提出的"方案"，但这些方案大都和女人毫无关系。也就是说，女人受到的特定剥削并没有被考虑在内。实际上，对女人的剥削并非一个政治内部的区域性问题。政治只包括某个人类"群体"，或者社会"主体"的某个"部分"。女人要想摆脱剥削，就不仅要打破某些"偏见"，还要打乱经济、社会、道德和性层面上的主流价值秩序。女人要质疑所有现在被男人垄断的理论、思想和语言。女人要质询我们社会文化秩序的根基，其组织架构已被父权系统规定好了。

当今政治实际上延续了我们社会性的父权基础，即便是"左派"也不例外。实际上，主义一直都很少关心针对女人的剥削，并且女人的反抗似乎往往让其感到困扰。但我们可以借助他们的政治方案所运用的社会剥削的分析模式来阐释这些反抗，但要用另一种方式来使用这些分析模式。然而，直到现在都没有任何一种政治思考过自己与男权统治的关系。

在实际层面，这意味着，女人当然要继续为了薪酬和社会权利的平等而斗争,反抗学习和工作上的歧视。但这还不够。只是和男人"相等"的女人,将会变得"和男人一样",那就不是女人了。性别差异又一次就这样被消除、无视、掩盖了。所以,女人们之间应该创造新的组织模式、新的斗争方式以及新的抗争。各种妇女解放运动已经开始这么做了,一个女人的"国度"也在形成中。但还是需要创新。制度、阶级、权力,这些现有的政治形式都是男人们的。不是我们女人的。

这就解释了妇女解放运动遇到的一些困难。如果女人自困于争夺权力的陷阱中,沉浸在在权力的游戏里,如果女人任由自己被男性政治的"妄想症"运作所玷污,那她们就再也无法以女人的身份去说,去做了。因此,如今法国的任务之一就是重组妇女解放运动的各个派别,可以按照具体的特定主题和行动将其划分成以下几类:强奸、堕胎、反对在把孩子"判给谁"的问题上让男人打着父亲的名号享受特权、让女人完全参与立法决策与实践,等等。但这永远都不该掩盖这一事实:女人争取权力是为了展示差异。

就我而言,我拒绝让自己局限在妇女解放运动的某一个"群体"中,尤其是当这个群体落入了行使权力的圈套中时,当它试图定夺女性的"真相",规定什么"是女人"时,当它指责有不同目标的女人时。我认为,最重要的是揭示针对所有女人的普遍剥削并找到适合每个女人的斗争,确定她的所处的环境:根据她的国籍、她的职业、她的社会阶层、她的性经验——也就是她当下最无法忍受的压迫形式。

问题录四①

问:你的教学计划是什么?

答:为了安排教学工作的重点,我将从索福克勒斯、荷尔德林、黑格尔以及布莱希特笔下的安提戈涅

---

① 在1974年秋温森斯大学"精神分析系"被"重组"前,(女)教师们很反常地被问到了这个问题。由拉康任命的三名成员所组成的委员会写信告知我,这个计划"没有被采纳",没有进一步说明。自温森斯大学建校起,我就在精神分析系任教,但我就这样被迫停止教学。要不是因为在法国内外出现了与事实不符的传言,我本无需作此澄清。

的形象出发。我试图分析安提戈涅在法律运作中支持——支撑——的事物。她是如何通过反抗制定律法的话语,来揭示她所维系的被人掩盖的法律基础。当话语的另一"面"大白于天下时,危机也随之而来。她因此赴死,她"埋葬"(哥哥)的行为被人遗忘,她所代表的城邦价值也被压抑(查禁?):"神"、无意识、鲜红的血(用来滋养相似性,但不能将其玷污)。

为什么国王、城邦、知识、话语还有她的兄弟姐妹要为了他/它(们)的权力而置安提戈涅于死地呢? 这项惩罚是否是受历史时代影响的? 或是出于建构理性的迫切需要? 为何后者现在饱受争议,甚至引发危机?

精神分析的话语对这个问题、这场危机,持何种立场? 精神分析的话语能否做出更加严谨的阐释? 它是否赋予了女性欲望另一种地位? 以及另一种不同于歇斯底里症话语的女性话语? 这种话语将为思辨创造条件。

我们将带着这些问题重读精神分析有关女性性征、性别差异及其和语言的关系的话语。

或者换个表达方式：精神分析的话语重复-阐释（répétition-interprétation）了在历史上指派给女人的功能。我们需要一种重视性征本身的话语，来表述哲学话语和普遍理性得以成立的条件。

若将语言学的贡献和疑难也一并考虑在内，那我们就又回到了话语生成过程中所产生的陈述行为的问题。这与无意识有关，并同样还涉及以下问题：性别化会对话语产生何种影响？换言之：性别差异能否体现在语言的运作上？如何体现？所以要质疑精神分析话语的文本，通过阅读来了解这些文本在女性性欲以及性别差异的问题上都说了些什么？是怎么说的？

这种阅读是对哲学话语的阐释性重读，因为它考虑到了无意识及其体系。这种哲学话语为话语秩序制定了一套律法，重回其决定性时刻，找回了女性在话语体系中被赋予的地位。然而，推行这种哲学话语会导致精神分析的阐释不符合哲学话语的规范。尤其体现在"他者"——通常是女性——所承担的功能上。关键在于如何让他者——女人——与同一的他者区分开来？

哲学，作为话语中的话语，在很大程度上也掌控着科学的话语。由此而言，流体数学化相对于固体数学化的滞后又回到了同一类问题上去：为什么固体力学要胜过流体力学？除了理性，还有哪些因素维系着这种高下之分？（参见《流体"力学"》。）

对女人而言，这种主流理性意味着什么？除了"非女人""女人不存在"（拉康所言）？——而这就是精神分析话语明确表示的观点。

女人市场①

我们所知的社会以及我们的文化全都建立在交易女人之上。人们总说,不交易女人,我们就会回到自然世界的无秩序状态(?)或动物统治的随机状态(?)。所以,男人,或男人群体,让女人在他们之间流通,从而确保过渡到社会秩序、象征秩序和秩序本身:禁止乱伦的法则便由此而来。

尽管在某种社会状态中,这条禁令带有家庭性质,但它其实有另外一层意义。它保障了我们几个世纪以来的经济、社会、文化秩序的基础。

为什么要交易女人? 因为,某位人类学家认为,女人是"群体生活稀缺的必需品"。既然生男生女的生物学概率是平衡的,那为什么会稀缺? 因为"所有

① 原文发表于《性与政治》,1976 年。(«Le marché des femmes», in *Sessualità e politica*, éd. Feltrinelli, 1976.)

男人都具有根深蒂固的一夫多妻的习性,这让可用的女人的数量总是不足。即使女人和男人一样多,但她们并非都同样诱人,并且根据定义,诱人的女人只占少数"(列维-斯特劳斯,《亲属关系的基本结构》)。

难道男人都同样诱人吗?难道女人就完全没有一妻多夫的习性吗?这位大名鼎鼎的人类学家并没有思考过这个问题。更何况,为什么男人不是女人之间的交易物?女人的身体通过被使用、消费和流通,为社会性和文化提供条件,但女人的身体仍然是用来支持它们的构建的不为人所知的"底部结构"。对性别为女的物质的剥削,构成了我们社会文化的视野,所以她无法从中找到属于她的阐释。

换句话说:组成父权社会的所有交易系统以及所有被认可、被看重、被犒劳的生产方式,都是男人的事。女人、符号、商品,总是为了生产而被交予男人(如果一个男人买下一个小女孩,那他要"付钱"给她的父亲或兄长,而不是母亲……),它们总是从一个男人手里到另一个男人手里,从一群男人手里到另一群男人手里。因此,生产力总是被认为是男性的,供人使用和交易的"产品"也只存在于男人之间。

　　这是否意味着我们的社会性和文化总会回到一种男-性(hommo-sexuel)垄断？唯男人的需求-欲望和男人间的交易独尊，便是支配我们社会的律法。人类学家所谓的从自然到文化的过渡，其实确立了(男)同性恋(hom[m]o-sexualité)的统治。不在于"即时"的实践，而在于"社会"的中介。因此，父权社会便可阐释为基于"相似"(semblant)模式运转的社会。父权社会让象征和想象生产的价值凌驾于物质、自然和身体的(再)生产关系的价值之上，甚至取而代之。

　　在男人历史(Histoire)的这种新母体中，男人创造男人并将其作为自己的同类，女人、女孩、姐妹的唯一价值就是充当男人间的关系的前提和关键。对女人的使用和贸易不仅支撑并维系着(男)同性恋的统治，还让(男)同性恋停留在思辨以及镜像游戏、识别游戏、或多或少具敌对性质的侵占游戏之中，迟迟无法真正实践。统治四方但无法实践的(男)同性恋，需要通过女人的身体——物质或符号——才能发挥作用。而异性恋直到现在都只是为了让男人和自身的关系以及男人间的关系能够正常运行的借口罢了。"社会文化的内婚制"，让社会秩序之外的她者——女

人——无法参与其中。外婚制要求人们离开自己的
家庭、部落、宗族来联姻。但外婚制不允许结婚对象
离得太远,太过背离现行的文化法则。社会文化的内
婚制禁止和女人做交易。男人把女人当成买卖,但却
不和她们交易。更何况,外婚制作为一种重要的经济
策略,或许也在支持着这种经济体系?把女人当做商
品的交易伴随着并促进了其他“财富”在男人群体间
的交易。我们社会中狭义或广义的经济要求女人在
消费中被异化、被交易但不参与交易;而男人却能免
于像商品一样被使用和流通。

　　马克思把商品视作资本主义财富的基本形式,这
也可以理解为是对父权社会中的女人地位的一种阐
释。父权社会的组成以及作为其基础的象征体系的
运作(用来指代父和神的专有名词是其工具和代表)
在萌芽之初,包含着马克思所界定资本主义政体的发
展特点:一、“自然”服从于男人的“工作”,这样男人便
可将其定义为使用价值和交换价值。二、对相互交换
女人-商品的私人生产者-所有者进行分工,并对生产
者、社会秩序的剥削者和被剥削者进行分工。三、以

制定女人们的等价性的独有姓氏来标定女人。四、不断积累财富的倾向。也就是说，最"独有"的姓氏的代表，也即领导者，他们比其他人积累了更多女人。五、象征体系的社会运作朝着越来越扩大化的抽象发展。

生产方式的确进化了，技术也的确发展了。但当男人-父亲确保了自己的再生产能力并以他之名标记了属于自己的商品时，此即父权家族和私有财产的起源，社会剥削便由此展开了。换言之，男人历史的所有社会政体都建立在对女人这一生产者"阶级"的剥削之上。女人再生产（孩子和劳动力）的使用价值以及交换价值保障着这样的象征秩序。但这项"工作"并没有给她们任何工钱——那将意味着一种双重交换系统，将打破男人-父亲们对他们独有的性氏（及其所指的占有权）的垄断。

所以有了对社会身体的划分，将其划分为不再作为商品而是作为生产者的主体——因为它为商品提供了标准，以及确保着交易流通但不作为主体参与交易的商品-客体。

☆

在此，我们将引用马克思对价值的分析，其中一些观点①似乎是在描述女人的社会地位。

财富是指对事物的使用低于对事物的累积。对女人的使用是否不如女人的数量重要？男人必须拥有一个女人，因为她代表着再生产的使用价值。但男人想要拥有所有女人。他们想要在连续且不断累加的征服、诱惑、占有中——按照（一些）标准——"累积"所有女人。

所有女人，再减去一个？因为如果形成了闭环，那价值就有可能像马克思说的那样存在于女人间的关系中，而非女人和把她们排除在外的金本位或菲勒斯本位的关系中。

因此，一个一个地累积女人要比使用女人更有价值。最重要的不是她们的"用处"。女人身体的"所有

_____

①　这些摘要宣告了下一篇文章中的观点。本文中的所有引文均出自《资本论》（*Capital*）第一部，第一章。这样的阐释是否会因采用了类比法而遭到反对？我接受这样的质疑，但前提是马克思对商品的分析要先被质疑。亚里士多德，马克思口中的"思想的巨人"，在界定形式与物质的关系时，不也将其类比为男女关系吗？因此，回到性别差异的问题上就是回到类比推理上。

权"并不能决定女人的价格，但女人的身体是女人的价格的物质支撑。

但在交易女人时，要把女人的身体抽象化。这场交易并不是根据商品固有的内在价值进行的。只有当两个物品——两个女人——和非此非彼的第三方处在平等的关系中时，交易才能达成。所以，女人不是作为"女人"而被交易，而是作为她们被化约成的共通物——将她们换算成黄金或菲勒斯之后的价值，这样一来，她们的价值可能会多一点或少一点。但在女性特质上绝不多一点或少一点。女性特质是根据消费者需要决定的。女人在市场上的价值只参考她的一种特质：作为男人"工作"的产品。

在这一点上，任何女人都是完全一样的。她们全都拥有相同的幻影般的实在。无法区分的同一项工作产出的样品化身为相同的升华之物。这一切产品都表明了一件事：生产它们消耗了人类的劳动力，劳动成果就累积在这些产品中。女人作为共有的社会物质的结晶而被赋予价值。

因此，作为商品的女人既是有用之物（objet d'utilité），又是价值载体（porte-valeur）。"女人只有呈现为双重形式——自然形式和价值形式——才能够进入市场流通。"

然而"商品的价值对象性和快嘴桂嫂①不同，因为我们不知道该如何捕捉它"。作为交易物的女人和作为使用价值的女人不同，因为我们不知道该如何捕捉她。因为，"商品的价值对象性与商品体粗糙的对象性截然相反，它不包含任何自然物质的原子。因此，无论我们怎样翻检一个商品，作为价值物的它都无法被把握"。女人的价值总是被遗忘：黑暗大陆、象征体系的漏洞、话语的裂缝……只有在女人间的交易中才能感受到某种神秘的事物。女人只有能够相互交易，才会拥有价值。在从一个女人手中到另一个女人手中的过程里，除了"（商品）体的粗糙性"的潜在用处以外的其他事物才能够存在。但无法在女人身上找到或找回这种使用价值。

她只是对仍然外在于她的第三方的检验，此第三方允许将她和另外一个女人作比较，让她与另外一个

---

①　即瞿克莱夫人（Dame Quickly），莎士比亚戏剧中人物。在《亨利四世》中，她和福斯塔夫（Falstaff）发生过一段争吵。福斯塔夫骂她是"一件不可捉摸的东西"。她反驳道："我是个老老实实的女人，从不藏头盖脸。"马克思借快嘴桂嫂来比喻商品的价值对象性让人捉摸不透。——译者注

商品建立等价关系，但这种等价的标注对她和另一个商品而言都很陌生。

因此，女人-商品被迫分裂。她们被分成使用价值和交换价值；物质体（corps-matière）和无法被女人穿透、掌握、占有的宝贵封套；私用和公用。

为了获得相对价值，一件商品必须面对作为自己等价物的另一件商品。它永远无法在自己身上找到自己的价值。商品价值的多少并不在于它本身，而在于它能等于什么。它的价值超越自身、超越时间、超越静态。

换言之，对于商品而言，没有任何一面镜子能够把它复制成它自身以及它"自己"的镜像。商品无法映照在另一件商品上，像男人映照在其同类上那样。因为对于商品而言，映照产生的同一，并非"它的"同一，也绝非它的属性、它的特征、"它的皮肤和毛发"。这种同一只是为了展示商品被制造出来的属性。男人通过（社会和象征）"工作"对其进行了改-造。包裹并冻结商品的镜子对男人的"工作"进行了镜映和思辨。商品，女人，就是属于/提供给男人的价值之镜。因此，商品，女人，不仅把自己的身体交给男人，并将其作为镜映和思辨的物质支撑；还把自己的自然和社会价值也交给男人，并将其作为男人活动的痕迹、标记和幻想之所在。

　　商品之间并不相等、相似或不同，除非是被/为了男人当作标准时。对商品间关系的拟人是一种投射。通过这种投射，生产者-交易者们让商品重新在他们眼前进行思辨（镜映）。但他们忘记了，要想（自我）映射、（自我）思辨，就必须成为"主体"。物质只能支撑思辨，但永远都无法思辨它自身。

　　因此，具菲勒斯功能的货币形式的全部奥秘源于商品间最简单的等价关系（交易女人的可能性）。也就是说，男人为了他们自己而将自然及其生产力侵占-抛弃，就像是一面镜子正划分并扭曲着自然和工作。男人把自恋的心态附加到自己生产出来的商品上，从而模糊了用处（utilité）和使用（usage）的严肃性。从达成交易的那一刻起，欲望便会"歪曲"需求，但这种歪曲却被归咎于商品以及所谓的商品间的关系上。但只有站在第三方的思考角度上，这一观点才能成立。

交易经济(欲望经济)是男人们的事。这体现在两个方面:交易发生在男性主体之间。交易需要给商品体再添一个"附加物"(en-plus),让这件商品获得价值形式。马克思写道,当一件商品在另一件商品上找到了自己的"附加物"时,那它的使用价值就会变成价值的标准。

但一件商品的附加物可能会变化:"譬如,许多人一穿起辉煌的制服来,就比穿便服多点意义一样",又或者"B 不会把 A 当作陛下,除非在 B 看来,陛下有 A 的身形。这就是为什么每次新王登基时,陛下的面容、头发以及其他许多特征,就都得发生一次变化。商品——被生产出来的"事物"——将会产生对制服、陛下、父权,甚至上帝的尊重。"(麻布)的价值性,通过它与上衣相等而显现;正如基督教徒的羊性,通过他与上帝的羔羊相等而显现。"

因此,商品崇拜父,它不断地模仿和复制,成为父的替代品(tenant-lieu)。商品正是因为模仿和复制父权象征才拥有了自己的价值——对男人而言的价值。但生产者-交易者们却让商品承受这暴击。"正如我们所见,当麻布遇到了另一种商品(服装)时,麻布自己就说出来了商品价值分析所说明的一切。不过它只能用它自己通晓的语言，即商品语言，来表达它的思想。麻布想要表明自己的价值源于抽象的人类劳动，它便会说，只要服装与它相等，即价值相等，那服装和它就都是由同一劳动构成的。麻布想要表明自己的价值的崇高对象性不同于它那粗糙僵硬的身体，它便会说，价值看起来像服装的价值，因此作为价值物，它和服装完全相同，就像半斤和八两一样。

顺便指出，除希伯来语以外，商品语言还拥有其他许多确切程度各异的方言。例如，要想表示"商品A与商品B价值相等"是对商品A的价值的适当评价，那德语中的 Wertsein 就不如法语中的 valoir，或者其他罗曼语系中的 valere、valer 表达得确切。"巴黎确实值一次弥撒。"①

所以，商品会说话。但说的是"主体"们理解不了的方言和土话。关键在于，商品必须考虑到它们各自的价值，也就是说，商品说的话要符合商品交易的计划。

---

① 亨利四世之语。由于当时巴黎人坚决反对让一个异教徒当国王，所以他决定皈依天主教，并说出了这句名言。——译者注

因此,一个商品体成为了另一件商品的价值之镜。前提是商品体要有附加物。附加物是相对于使用价值而言的,代表商品的超自然特质——纯粹社会化的特征。附加物与商品体和商品特征截然不同。只有当一件商品接受与另一件作为等价物的商品建立联系时,附加物才会存在:"一个人之所以是国王,只不过是因为其他人认为自己是他的臣民并因此照此行动罢了。"

等价物的附加物把具体的工作转化为抽象的工作。换言之,要想融入价值之镜,那工作就只能反映人类工作的特征:商品体只是具象化了人类抽象的工作。也就是说,商品没有体、物质和本质,它只是把男人的工作客观化,将其结晶为可见的物体。

要想成为等价物,商品必须改变自己的体。将物质源起替换为超自然、形而上的源起。如此一来,商品体就变成了透明体、价值的纯粹现象性。但这种透明性,反而成了商品的物质不透明性的附加物。

再一次,两者之间出现了分裂。自然和社会被分成了两面、两端:感性与理性、物质与形式、经验与超验……商品,作为符号,承受着形而上的二分对立。

它的价值和实在具有社会性,但这种社会性被附加到商品的本质和物质上,并且商品被认为价值较低,甚至是没有价值,从而被置于从属地位。社会参与要求身体服从于镜映和思辨,并把身体改造为价值载体、标准化符号、可变现的所指、参考权威模式的"相似品"。商品——女人——被分成两具不可调和的"身体":"自然"身体和具有社会价值的可供交易的身体。这正是(模仿)男性价值的表达。这些价值同样表示自然,即物力的消耗。但物力的消耗——主要是男性的——服务于自然生产的加工、改造和技术化。这种超自然特质构成了商品价值。马克思通过这样的价值分析来揭示社会运转的形而上特征。

一旦商品价值拥有了属于自己的现象形式,即不同于自然形式的交换价值形式,商品便成为了双重事物。如果我们单独看某一件商品,那它永远都不会具备这种现象形式。只有当某件商品和另一件商品建立联系时,它才会具有这种附加在商品本质上的现象形式。

就像在符号间那样,价值只有在关系中才能出现。关系的建立并不取决于符号或价值,而是要靠两位交易者的操作。两个符号、两件商品、两个女人的交换价值反映着消费者-交易者主体的需求-欲望:交换价值绝不是属于它们"自己的"。商品,包括商品间的关系,不过是男人间的关系中的欲望的物质借口罢了。为此,商品被剥夺了它自己的身体并被赋予了另一种形式,以便于男人间的交易。

然而,在这种价值形式中,交易的欲望以及男人所寻找的自身及其同类的价值的映像,全都处于绽出状态。男人间的关系被悬置到商品之中,生产者-消费者-交易者主体在这种悬置中被异化。为了"支撑"和维系这种异化,就必须剥夺商品本身的特定价值。在这一点上,我们可以肯定的是,商品价值永远具有使用价值的形式。商品的价格不再取决于它们的自然形式、它们的身体、它们的语言,而是取决于它们反映出的男人间的交易的需求-欲望。因此,商品势必无法单独存在,并且如果没有两个以上的男人参与交易,那"商品"同样不存在。想要一件商品(一个女人)具备价值,至少需要两个男人来投资。

商品的一般等价物不再充当商品。这面伟大的镜子超越了它所处的商品世界,确保商品间的普遍交

易能够实现。在这一崇高的标准之下,任何商品都有
可能成为另一件商品的等物。但商品定价被悬置
到某些超验要素上,这导致商品一时之间无法相互交
易。商品通过一般等价物来交易,就像基督教徒通过
上帝来相爱——借用马克思常用的神学隐喻。

这种绽出的参考标准把商品彻底区分开来。一
种抽象且普遍的价值让商品无法相互使用和交易。
商品在某种程度上成了有价值的理想物。商品具体
的形式、特定的特质以及可能与它们或在它们之间建
立起的"真实"关系,全都被简化为商品的共通处:男
人工作-欲望的产物。

还需强调的是,不再充当商品的一般等价物不再
有用处。标准本身免于被使用。

尽管商品乍看之下似乎平平无奇、不言而喻,但
它"却是一件非常奇怪的东西,充满形而上学的微妙
和神学的怪诞"。"就商品是使用价值而言,它没有任
何神秘之处"。"但一旦它(桌子)作为商品出现,那就
是另外一回事了。它变成了一个可感觉而又超感觉
的物。它不仅用脚站在地上,还用(木)头倒立在其他
商品面前。从它那木头脑袋里,生出了种种不可思议

的幻想。这些幻想比桌子自动跳舞的把戏①还要不可思议。"

"商品的神秘性质不是源于商品的使用价值,更不是源于商品价值的决定因素。尽管有用的劳动或生产活动千变万化,但它们总归是人体的机能,这是生理学上的一个真理",在马克思看来,这绝非一个谜……他认为,社会运作中的身体的物质贡献和支撑并不造成问题,除非涉及能量的生产和耗费。

当劳动产物具备了商品的形式,那它的神秘性从何而来? 显然是来自于这种形式本身。女人的神秘性从何而来? 所谓的女人间的关系的神秘性又从何而来? 显然是来自男人需求-欲望的"形式"。女人让这种形式现身,但却遭到否认。她(们)总是被封套,被掩盖。

无论如何,"劳动产物的价值形式以及它们之间的价值关系,与劳动产物的物理性质毫无关系。这只是男人与男人之间的社会关系。但在他们看来,这种关系变成了物与物之间的虚幻关系"。只有在宗教世

---

① 马克思原注:我们想起了这样的话,当世界其余的一切皆静止不动时,中国和桌子开始跳起舞来。——译者注

界中才能找到这种现象的类比物。"在那里,人脑的产物表现为被赋有形体的独立存在物。在商品世界里,人手的产物也是这样。"这就是为什么劳动产物一旦成为了商品,便带上了拜物教的性质。

因此,女人的客体-拜物(objet-fétiche)性源于她们在交易中展现着菲勒斯权利并使其流通,从而建立男人间的关系。

由此产生以下观点:

论价值

价值是劳动力、能量消耗和劳苦的等价物。为了方便测量,这些事物需要抽离于所有当下的自然特征和具体个体。社会交易的运作必须要经过一般化和普遍化的过程。因此,男人被简化为一个用来表示他的劳动力的"概念";男人的产物则被简化为这个概念的"客体",一种可见的物质相关物。

　　符合这种社会状态的"享乐"特征包括：它的生产力——但必得是辛苦甚至是痛苦的；它的抽象形式；它对把价值的标准凝结为财富的超验需求-欲望；它对物质支撑的需要——以便衡量它对标准的挪用/适应关系；它那总是敌对的交易关系——只发生在男人间；等等。

　　这些模式不正好可以界定（所谓的）男性性欲的体系吗？力比多不就是对生产力中的"能量"的抽象化吗？自然的劳动？不就是积累财产的欲望吗？不就是指身体特质屈服于想要改造身体从而占有身体的（中性？）权力吗？不过是换个说法罢了。对于男性性欲而言，享乐不就是侵占自然，让自然（再）生产并和其他社会成员交换这些自然的产物吗？简而言之，享乐是个经济学问题。

　　由此产生以下问题：（所谓的）男性性欲的哪些需求-欲望决定了社会秩序：从它的原始形式，即财产私有制，到它的进化形式，即资本制。这些需求-欲望能否算作社会运转的结果？因为是部分自主的社会运转把需求-欲望创造成这样的。

论女人在这种社会秩序中的地位

对女人的交易实现了这种社会秩序并确保其根基。女人在男人间的流通确立了这种父权社会的运转。这意味着，男人侵占自然并根据男人一手制定的"人类"标准来改造自然；自然服从于劳动和技术；自然物质、有形、可感的特征被简化为抽象的交易价值，所有可感之物都被简化为男人的具体实践活动；根据外在等价原则，所有女人都是相等的；女人是展现男人间关系的物质化的"物品"；等等。

因此，女人具备一种自然价值和一种社会价值。她们的"进步"就是从一种价值过渡到另一种价值。但这种过渡绝非易事。

作为母亲的女人仍属于（再）生产的自然。因此，男人永远无法超越自己与"自然"的关系。他的社会性、他的体系和他的性欲永远都和自然的劳动息息相关。女人总是停留在初级占有上，即把自然当作地产；以及初级劳动上，即农业劳动。尽管男人与"生产的自然"的关系不可逾越,但随着男人间关系的普遍化,这种关系遭到否认。这意味着,母亲是一种被父亲之名标记的再生产工具,被困在家中。她是私有财产,禁止交易。禁止乱伦的法则体现了"生产的自然"被禁止进入男人间的交易。母亲具有自然价值和使用价值,她无法以商品的形式流通,否则就会破坏社会秩序。对于社会秩序的(再)生产而言,母亲必不可少(因为母亲是孩子和劳动力的[再]生产者:通过她的照料、喂养以及更为普遍的家庭劳动),她负责维持社会秩序,但她的介入并不会带来任何变化。并且,她的产物只有被父亲之名标记或被卷入男性律法,即被他占有,才能在这样的社会秩序中存在下去。社会成了男人孕育男人,男人生产男人的地方,男人一生下来就是"人类的"、"超自然的"存在。

相反,女人-处女只具备交换价值。她只是男人间关系的可能性、处所、符号。她本身并不存在:她不过是个包裹社会流通的封套罢了。因此,她的自然身体消失在她的象征职能中。鲜血仍属于母亲,但这样一来它在社会秩序中就没有价格。女人,作为交易货币,只不过是相似品罢了。从女人到母亲的仪式性过

程,需要冲破一层封套:处女膜。处女膜被当作禁忌:
贞洁的禁忌。失身的女人将退回到使用价值上去并
被禁锢于私有财产之中。被男人间的交换除名。

　　还有妓女。社会秩序公开审判但暗中准许她们
的行为。这是否是因为,在妓女身上,使用和交换并
没有那么泾渭分明? 对她们而言,女人身体的特征是
"有用的"。然而,只有当她们被一个男人侵占,成为
了男人间(暗中)关系的处所,她们才会有"价值"。卖
淫是交换的使用权。这不是纸上谈兵,而是真实存
在。女人的身体只有进行过服务,才会有价格。服务
得越多,价格就越高。这不是因为她的自然财富得到
了这样的展现,恰恰相反,这是因为她的自然被消耗
殆尽,所以只能变回男人间关系的载体。

　　母亲、处女、妓女,这就是强加给女人的社会角
色。由此产生了(所谓的)女性性欲特征:推崇再生产
和喂养;忠贞;在性快感面前的羞怯、无知甚至是冷
淡;被动接受男人的"主动行为";为了激发消费者欲
望而诱惑挑逗,作为消费者欲望的物质支撑而献身,
但自己却无法享受……不论是母亲、处女还是妓女,

任何女人都无权享乐。

性学理论家有时会惊讶于女人的性冷淡。但在他们看来,这主要是因为女性"自然"的无能,而不是因为女性要服从于某种类型的社会。但奇怪的是,对于"正常的"女性性欲的要求让人联想到商品的地位的特征。两者同样隐晦地重现并否认"自然":生理性的自然、器质性的自然⋯⋯

并且:

——正如自然要臣服于男人才能成为商品;从而产生了"成为正常女人"的说法。对于女性而言,这意味着要从属于男性活动的形式和法则。这便是否认母亲,并将否认归咎于女人的"原因"。

——正如在商品的交易功能面前,商品的自然用途被抹去;在把女人身体改-造为男人间的流通物的要求面前,女人身体的特性也要被抹去。

——正如没有一面镜子能够映照商品本身;女人要充当男人的镜像和意象,却不能有自己的特征。女人具价值的形式就在于她的身体,男人将其视作她的物质。

　　——正如如果没有制定标准的主体介入,商品之间就无法相互交换;女人也如这些商品一样。因为人们认定女人可供交换,她们便被区分、分隔、拆散,分成相似的和不同的,在她们自己身上,在她们自己之间,没有定形,混为一谈,成为自然的身体,母亲的身体。这对于消费者来说肯定是有用的,但它自己无法拥有身份,也没有可传递的价值。

　　——正如商品不情愿地变成了男人劳动价值的自动承载物;女人,作为映照男人的镜子,在不知不觉中变成了一种有可能夺去男性权力的风险,即菲勒斯幻象。

　　——正如某件商品要在等价物——即一般等价物——上找到自己的价值表达,但等价物不能是这件商品;女人的价格源于她与男性的超验关系:菲勒斯。"价值"的奥秘就在于商品之间最基础的关系。亦在女人之间。因为,女人脱离了自己的"自然本性",就再也无法相互关联,除非根据她们在男人欲望中的再现,或根据强加给她们的"形式"。在女人之间,男人的思辨把她们分开来。

这意味着"劳动"分工——尤其是性劳动分工——要求女人拿自己的身体来充当欲望客体的物质基础,但她永远无法获得欲望。欲望经济——交易经济——是男人的事。这种经济让女人屈从于象征运作所需的分裂:鲜血/相似、身体/封套、物质/交易货币、能够(再)生产的自然/被捏造的女性……这种分裂由女人承受,但她们却无法从中获益——有人会反驳道,这种分裂对所有能够言说的自然而言均是客观事实。女人也无法逾越这种分裂,甚至"意识"不到。把她们这样劈成两半的象征体系根本不属于她们。"相似"仍在女人之外,不符合"自然天性"。在社会层面,女人是男人间的"物品",只能模仿一门并非由自己创造出来的"语言";在自然层面,女人仍然没有定形,忍受着没有表征也无法再现的冲动。只有作为一种私有财产或者商品,她们才能从自然状态过渡到社会状态。

这种社会秩序的特征

可能将这种社会运作理解为形而上的实践。作为形而上在实践上的前景，它也勾勒出了它最完满的形式。主体从始至终都参与其中并以概念的形式被生产出来；但实践已经完成，所以主体没什么好分析的了。要分析也只能是事后分析，这种后见之明难免滞后……

形而上的实践的基本操作就是让父亲或他的替代品来侵占女人的身体。女人必须服从于一般等价物系统：专有姓氏象征着父亲对权力的垄断。女人获得自身的价值，从这种标准化过程中：从自然状态过渡到社会客体的状态。把女人的身体改-造为使用价值和交换价值的行为开启了价值秩序。但价值秩序建立在近乎纯粹的剩余价值上。女人，作为能像男人一样言说的动物，保障着象征体系的使用和流通，但她不是利益攸关方。女人无法进入象征体系，这便是建立社会秩序的基础。为了构建男人间的关系，女人只能放弃自己的话语权和动物本性来履行这一职责。女人已经脱离了自然秩序,但尚未进入由她们维系的社会秩序。她们呈现出被社会剥削的个人所具有的病症。社会只给她们的"劳动"支付部分酬劳,甚至是没有酬劳。服从于一个利用你并压迫你的系统,难道这就是全部报酬吗?……以"父"之姓重塑女人,难道这就是用来回报女人用自己的身体支撑社会秩序的象征价格吗?

男人让女人的身体屈从于一般等价物,屈从于超自然的超验价值,但这样一来,他们让社会运作变得越来越抽象,就连他们自己都变成了产品:超越了他们所有"可感"的特征和个体差异,成为了纯粹的概念。最终,他们被简化为劳动的平均产品。这种形而上的实践所具备的力量就在于,"生理"能量可以直接转化为抽象价值,无需心理介入。任何主体都做不到这一点。主体只有在事后才有可能通过社会来分析自己的这个决定。他甚至无法确定:自己对黄金的爱并没有让他放弃一切,而只是让他放弃了这种物神崇拜。"守财奴为了黄金拜物教牺牲了自己的所有肉欲。没有人比他更加虔诚地信奉禁欲的福音了。"

　　幸好还有女人商品，这种男人间的普通交易"物"，如果我们可以这么说的话。女人在交易——性交易以及更为普遍的经济、社会和文化交易——的运作中遭到特定剥削的境遇，能够促使她们展开新的"政治体制批评"。这种批评势必会涉及到赋予女人客观实在性的话语以及更加普遍的象征系统。这将带来另一种方式，来阐释具象征性质的社会劳动对生产关系分析的影响。

　　如果没有对女人的剥削，那社会秩序会怎样？如果女人摆脱了商品的境遇，不再屈从于生产、消费、定价、流通……也不再任由男人摆布；转而参与交易的达成和运作，那社会秩序会变成什么样？但这不能靠再现或模仿现在发号施令的"男权主义"模式，而是要用另一种方式来社会化人与自然、物质、身体、语言以及欲望的关系。

商品彼此之间[①]

　　构筑父权社会的交易只发生在男人之间。女人、符号、商品、货币总是从一个男人手中到另一个男人手中。人们声称，如果不这样做，就会重新回到乱伦和绝对内婚的关系中去，从而导致交易无法达成。劳动力、产品，包括大地之母，全都变成了男人间的交易物。这意味着社会文化的实现需要同性性欲（homosexualité）。这便是支配法则。异性性欲（hétérosexualité）则负责划分经济角色：一边是生产者和交易者主体（男性），另一边是产地和商品（女性）。

　　文化，至少是父权文化，禁止回到鲜血，也禁止性。由相似性统治的帝国因而产生，并依旧无视它自

---

　　① 原文发表于《文学半月刊》1975 年 8 月，第 215 期。（«Des marchandises entre elles», in *La Quinzaine Littéraire*, n° 215, août 1975.）

身的内婚制。因为,如果没有保持男人间关系的正常
运转的要求,就不会有性,也不会有不同的性。

为什么男性的同性性欲支撑着整个体系,却被视
作例外? 为什么社会需要同性性欲,却把同性恋者排
除在外? 原因在于同性性欲所涉及的"乱伦"发生在
同类间。

以父子关系为例,它维系着父权的谱系及其律
法、话语和社会性。父子关系具有普遍效力,即便废
除家庭和一夫一妻的再生产模式,也不会消失。父子
关系无法表现为男性同性之爱,只能在单一的语言中
实践,否则便会引发全面危机。某种象征体系会就此
终结。

"其他"男性间的同性关系,同样是一种倒错,因
此被禁止。这些关系公开阐释社会运转的法则,可能
会导致界限的偏移。并且,这些关系质疑交易产品的
性质、地位以及"外婚"的必要性。它们绕过交易行
为,从而揭露其真正的关键。它们还可以降低交易中
的标准的崇高价值。就连阴茎都沦为快感的工具。
在男人当中,菲勒斯失去了它的权力。人们说,应该

把享乐留给那些不适合严肃的象征规则的生物，也就是女人。

总在男人之间发生的交易和关系，既被法律需要，又被法律禁止。男性主体只有以放弃成为商品为代价才能成为交易者。

因此，任何经济行为都是同性的，欲望亦然，对女人的欲望也不例外。女人的存在就是为了实现男人及其同类，甚至是男人及其自身之间的中介、交易、让渡、转移……

既然所谓的异性恋的特殊地位已经且仍在不为人知地延续，那如何在这种交易系统中意识到女人间的关系的存在？除非认为，一旦（相互）渴望，（相互）言说，女人就成了男人。一旦她和另一个女人产生了关系，她就成了一位男同性恋者。

　　这就是弗洛伊德对女同性恋的分析①。

　　一位女同性恋者只能通过"男性化情结"（com-plexe de virilité）来解释自己的选择。不论这种情结是"婴儿时期的男子气概的直线延伸"还是"向古老的男性化情结回归的退化"，女同性恋者都只能以男人的身份欲求于另一个女人，而这个女人让她想到一个男人。如此一来，女同性恋者"无差别地在她们之间扮演着母亲和孩子或者丈夫和妻子的角色"。

　　母亲：菲勒斯权威；孩子：总是个小男孩；丈夫：男人-父亲。女人呢？"不存在。"女人戴着人们所要求的假面，模仿着人们强加给她的角色。人们对她的唯一要求就是把自己封在女性特征的封套之中，维系同类的流通，而不显突兀。因此，女同性恋引发错误、犯罪、不端和问题。如何解决女同性恋？只需要认为这不过是在模仿男人的行为罢了。

　　因此，女同性恋者，至少是弗洛伊德所分析的女

―――――――

　　①　参见《一个女同性恋案例的心理成因》（《Psychogénèse d'un cas d'homosexualité féminine», in Névrose, psychose et perversion, P. U.F.）。（中译本可参见《论女性——女同性恋案例的心理成因及其他》，第一部，第二章，刘慧卿、杨明敏译，北京：社会科学文献出版社。——译者注）

同性恋者,"在被爱的客体面前,在行为上明显采用了男性的类型"。"她不仅选择了一个女性客体,还选择在这个客体面前展现出男子气概",她变成了"男人,并取代了自己的父亲,把她的(菲勒斯)母亲当做爱之客体"。她之所以执着于"那位女士"①,是因为"(这位女士)那纤细的身材、极致的美貌和率直的举止,让她想到比自己大一点的哥哥"。

如何看待这种指定给一个"正常"女人的性功能的"倒错"? 这位精神分析专家的阐释似乎遇到了一些困难。对于他的"理论"和(文化)想象来说,女同性恋这种现象似乎十分陌生,所以我们只好"忽视精神分析的阐释"。

因此,为了不动摇精神分析这门科学,弗洛伊德只能用解剖生理学的原因来解释这个棘手问题:"毫无疑问的是,体质因素的确起到了决定性作用。"他在那位"女患者"身上寻找能够证明男同性恋现象存在的解剖指标。当然"这位年轻女孩并没有偏离女人的

---

① 《一个女同性恋案例的心理成因》中的女同性恋追求的是一个大自己十几岁的交际女郎。——译者注

生理类型"，她"面容姣好、长相标致"，并且"没有出现
月经紊乱"；但"她的确拥有她父亲的高大身材，她的
面部轮廓棱角分明，不像女性那般柔和。我们可以将
其视作躯体层面的男子气概"，并且"她的思想品质也
更多地体现出男子特征"。但是……"在某些案例中，
精神分析师往往被禁止对病患进行深入的身体检
查"。

不然的话，弗洛伊德本可以发现哪些能够证明那
位"女患者"的男同性恋倾向的解剖证据？他本可以
本着他那不为人知的欲望从"反串"中"看到"什么？
为了用解剖生理学的客观性来掩盖他所有的幻想，他
只说"卵巢有可能是雌雄同体的"。并且……他建议
那位年轻的女孩"继续治疗，但最好去找一位女医
生"，他就这样把她打发走了。

女同性恋根本没有被提及，不论是那位年轻的女
孩身上的现象，还是弗洛伊德身上的现象，都没有被
提到只言片语。那位"女患者"似乎根本不在乎诊疗
过程，尽管她"在思想上参与"其中了。只有弗洛伊德
产生了移情？产生了一种负移情。或者，否认移情。
他怎么能够把自己等同于一位女士……而且还是一

位"作风不良""举止轻浮"且"只靠出卖色相为生"的
女士？他的"超我"（surmoi）怎么可能让他"只是简单
地"做一个女人？但这是让他那位"女患者"产生移情
的唯一方法。

因此，女同性恋逃脱了精神分析师。这并不意味
着弗洛伊德的描述不准确，主流的社会文化体系只给
"女同性恋者"两个选择：一是弗洛伊德所忽视的动物
性（animalité），二是模仿男性模式。调动女人身体、
性器、言语间的欲望，这根本无法想象。

然而，女同性恋已经存在。但它只有作为服务于
男人幻想的妓女才能够被接受。商品们只有在"监护
人"（gardien）的监视下才能进入交易关系。它们不能
自行进入"市场"，也不能在彼此间享受自己的价值，
更不能在没有买家-卖家-消费者主体的管控的情况
下相互言说、相互欲求。并且，由于商人对利益的考
量，它们之间只存在竞争关系。

☆

如果"商品们"拒绝进入"市场"，而是进入商品间
的"另一种"交易呢？

这种交易没有明确的名称,没有账目,没有终结……没有(阴性的)一加(阴性的)一,没有序列,没有数量。没有标准。在这种交易中,在价值上具有欺骗性的封套不再区分鲜血和同类,使用和交易再无差别,价值最高的就是存量最少的。自然取之不尽用之不竭;无需劳动便可交换,无需经过男性交易便可不求回报地馈赠;免费的快感、没有痛苦的幸福、不进行占有的享乐。这是在反讽那些计算、储蓄、或多或少带有偷窃(强暴)(v[i]oleuses)性质的侵占以及艰难的资本化。

乌托邦?或许吧。除非这种交换模式从一开始就在破坏交易秩序。然而,在纯粹相似(le pur sem-blant)中乱伦的义务禁止了这种丰裕的体制。

"法国女人们"别再白费力气了……①

在色情场景中，我根本无话可说。

我是否应该聆听并重复某位淫荡大师对一位刚刚摆脱无知的年轻女子（或男子?）的教诲？我是否应该淫荡地献身于他的实践？或者他同伙的实践？正如苏格拉底的偏好所要求的那样。我最多展示一下我的热情："对,对,对……""确实""当然""的确如此""不然呢?""谁说不是呢?",还有其他一些不那么清楚的、能够证明我对大师的洞见和才能着迷的话语。

情形是：我脱离了我自己。昏倒。晕厥（也就是被打败了）。在此基础上，他宣称，我抵达了享乐。为此，他的语言的理论力量和实践力量首先要让我失去意识——和存在？

---

① 原文发表于《文学半月刊》1976 年 8 月,第 238 期。(«" Fran-caises", ne faites plus un effort…», in *La Quinzaine Littéraire*. n° 238, août 1976.)

如果在色情场景之外的我能在这种至高无上的权力的控制下顽强抵抗或继续存在，那我便要斗胆向淫荡大师提几个问题。他肯定听不进去。他会以此来证明我背叛了他所谓的"我的天性"，甚至认为这是受到了审查的影响。难道不是他需要这些场景来让自己不断地获得快感吗？毫无疑问，他肯定会以法律之名来逃避我的质疑。实际上，他就是天生的立法者。

对色情大师的质疑

色情场景表现为对女人的启蒙和训练，这已经成了某种范式。而男人却宣称要教会永远纯洁的女人如何享乐。因此，女人显然在此占据了一个重要地位：她是女主角。她得既年轻又漂亮。

在女人的身体和享乐中，她是给谁看的？男人的性欲是为了谁而再现的？伤风败俗的大师的言辞和表演难道不是针对另一个男人的吗？社会规定无知的年轻女人要充当至少两个男人间的关系的中介。这个场景在男人之间上演，这进一步把女人推向台前。女人的享乐在这样的体系里到底有何作用？

　　——这是女人的高潮吗？女人有一次、两次、十次、二十次高潮……直到筋疲力尽。欲壑难填？[1] 但这并不意味着她享受自己的高潮。这些性高潮展现了男性的能力，所以才必不可少。男人认为，高潮意味着男人对女人的性统治的成功。高潮证明了男性运用的性爱技巧是正当的，男人无可争议地主宰着创造快感的手段。女人不过是见证。他们的训练就是为了让女人臣服于这种纯粹男权主义的性体系。青涩的女人完全属于他们勃起、暴力插入、反复撞击和伤害的快感欲望；放荡的女人的一言一行都是男权主义的：她们诱惑、亲吻、抛弃、攻击甚至是杀害比自己弱小的女人，就像强大的男人所为。

　　这就是我们所说的不在场的女人（femmes-alibis）。因为色情运用到的高潮技巧并不适合女人的快感。至少到目前为止还是这样？对于勃起和射精的执念、对阴茎尺寸的过分重视、对姿势匮乏的刻板

---

　　[1]　原文为拉丁语 lassata sed non satiata，直译是疲惫但不知满足。——译者注

印象、被简化为可以洞穿的平面的身体、暴力、强奸……这些行为或许能够实现被动高潮。被赋予女人的高潮……但这是哪种高潮呢？

对于这种高潮，女人始终沉默且无知。谁会对此感到惊讶呢？这种"天性"服从于男人的生产模式，他们通过女人来达到高潮，只要她们臣服于此但又一无所知。而淫荡的男人对此了解更多，这得益于他们的高潮，这是对他们自身快感的额外奖励。

——他们甚至鼓励女人在女人之间享乐。当然要在他的注视之下。任何性爱场景都绝对不可能少了他。只要组织的人是他，那就什么都行。但问题仍然存在：女人之间的事情，他看什么？或者说：女人间的女人和男人注视下的女人间的女人能一样吗？

——举例来说，淫荡的男人喜欢血，至少喜欢因他的技巧而流淌的血。因为，尽管他纵欲，他抵抗一切（？）禁忌，但他仍然忌讳经血。粪便，还能接受；但经血，绝对不行……

他是否会在不自知的情况下查禁某些出于"天性"的事物呢？为什么非得是血呢？谁的血？为什么

女人要服从于这些禁忌系统？她们不想在月经期间也享乐吗？真的吗？难道她们也忌讳自己的血吗？她们听从了什么建议？是这种被人误导的厌恶让她们怨恨自己母亲的性别吗？

——还是血……被动性——确切地说是插入——总是被塑造成伴随着痛苦。这是快感的必要条件：插入的男人的快感，也是被插入的男人或女人的快感。何种暴力打开对封闭-固态-处女的身体的幻想，支撑着这样的性再现和性实践？难道为了实现身体享乐就必须强行进入一处封闭之地，一处私有财产吗？如果可以的话，最好流血。这是谁做的？又是为了谁？这种损害私有财产的近乎犯罪的行为涉及哪个（哪些）男人？尽管这通常发生在女人的身体上。

——不管怎样，淫荡的男人总是拥有充足的金钱、语言和技巧，难道他是根据自己占有的财富和生产工具，来引诱（购买？）最"贫穷"的女人和孩子并强迫她们享乐吗？还是那个问题：哪种享乐？或许是因为他不用工作，所以才有闲情逸致来开发自己的快感知识？

　　这就是属于他的工作吗？这个工作如何与普通的工作对接？如今，色情大师不也是献身于公共卫生领域的国家官员吗？

　　实际上，色情场景直接或间接地得到了国家机构的支持，变成了能够尽情"释放"和"污染"的封闭场所。机械化的人类可以在此周期性地清洁和排空自己的欲望以及可能存在的性过剩。净化了潜在性欲的身体便能做回工作、社会甚至是家庭运转中的齿轮。一切都将正常进行，直到下一次。

　　——下一次？色情场景总是没完没了地重复。永无止境。总是周而复始。又一次。再一次。快感被当作必须重复的借口：没有尽头。

　　是什么回避了快感，让强制性重复变得如此专横？也让必须追求享乐这一迫切需要变得永远无法达成。因为，追求更加彻底的享乐并不能停止色情场景，只有身体力竭才行。更加彻底的享乐愈发稀缺和昂贵：色情大师需要享受越来越多的享乐。色情支配着一系列事物。每重复一次，就会多一名女性"受害者"，多一次攻击，多一个女人死去……

——但这发生在闭环中,即封闭的时空。色情场景一定会引发无聊和厌倦。唯一的"出口"(ouverture)就是量化。或死亡:离开这个无休止的循环。这种单调从何而来? 难道不是残酷且无意识的超我导致了纵欲吗? 享乐的机械化导致性别化的身体被困在献祭之中,死亡(中)的昏厥让这种献祭更加成功。

由此而来这个问题:男人必须通过丧失(perte)来补偿富余(abondance)吗? 这种富余——现实的或幻想的——正是色情诱惑的基础。更多(l'en-plus)导致更少(l'en-moins)? 累积导致排出? 直到排空一切? 然后重新开始。难道色情场景仍然迷恋欠缺? 难道男人会承认自己无法享受财富? 享受天性? 哪种泯灭人性的全能神话统治着这种性场景?

还有许多问题可以去问色情作家,但不要问他是"支持"还是"反对"这种行为。最好的办法就是公开实践支撑着我们的社会秩序的性欲,而不是让被封禁的性欲规定我们的社会秩序。或许,通过大量展现统治四方的男权主义而不觉羞耻,我们便能建立另一种性体系? 色情能够"净化"男权统治? 并揭示女人在性上的从属地位？

闺房外的女人

女人们，别再白费力气了。他们教导你们：你们是私有财产或公共财产：属于某个男人或所有男人。属于某个家庭，某个部落，某个国家，或许是某个共和国。这就是你们的快感。如果不服从于某个男人或所有男人的快感，那你们就无法体验享乐。对你们来说，享乐总是与痛苦有关。但这就是你们的天性。违背天性会给你带来不幸。

但奇怪的是，你们的天性总是只由男人来定义。他们是你们永远的恩师，传授给你们社会、宗教或性科学。他们是你们道德或不道德的老师。你们的需求或欲望是被他们教会的，但那时你们自己都还未曾谈起它们。

问问你们自己，他们的理论途径和实践途径道出的是何种天性？如果吸引你的不是他们的法律、规则和惯例的要求，而是其他事物，那这或许就是你们的

"天性"。

　　不要找这个借口了。想到什么就做什么。喜欢什么就做什么：无需"理性"，无需"正当原因"，也无需"辩解"。你们不必把自己的冲动夸大为自己或他人的迫切需要。你们的冲动可能会改变，也可能会和他者或她者的冲突相一致。就今天，不要等到明天。不要强迫自己重复，不要让你们的梦想或欲望凝固在唯一且确定的再现之中。还有大片天地等着你们去探索。如果你们画地为牢，那便无法"享受"自己的全部"天性"。

当我们的双唇一起言说①

　　如果我们②继续说相同的语言，那我们就会再次创造相同的历史，再次开启相同的故事。你不这么认为吗？听着：在我们周围，男人们和女人们都是一样的。相同的辩论、相同的争吵、相同的闹剧。相同的吸引和破裂。相同的困难，无法相互连接。相同的……相同的……总是相同的。

　　如果我们继续说着相同的话，如果我们彼此交谈时，像男人几个世纪以来那样说话，像我们被教导的那样说话，那我们将不复存在。再一次……词语穿过我们的身体，越过我们的头顶，然后消失不见，我们也随之消失。在远处。在高处。没有我们存在：我们变

---

①　原文发表于《格里夫手册》第 12 期。(«Quand nos lèvres se parlent», in *Cahiers du Grif*，n° 12.)

②　本文中的你、我和我们都是女性。——译者注

成了说话的或者被说的机器。被封套在专属的皮囊里，但这副皮囊不是我们的。我们消失（env[i]oler）在一群专有的姓氏间。它们既不是你的，也不是我的。我们没有属于自己的专有姓氏。我们改了姓氏，就像他们交换我们、使用我们那样。被他们这样换来换去，会让我们失去意义。

如果你不存在在那里，那我要怎样触碰你呢？你的鲜血变成了他们的意义。他们可以相互言说、言说我们。但我们呢？我们要摆脱他们的语言。试着重新穿过他们给你的姓氏。我等你，我等我自己。回来吧。这并不难。你留在这里，就不会沉浸于已经落幕的情节、已经听过的陈词滥调、已经知晓的姿态。以及已经符码化了的身体。你试着把注意力放在自己身上。放在我身上。不要让自己被规范和习惯打扰。

如此一来，按照规范和习惯，我爱你（je t'aime）指向一个谜：一个他者。另一具身体，另一种性别。我爱你：但我不知道自己爱的是谁，爱的是什么。我爱（j'aime）流逝，坠落，溺亡，焚毁，消失，在深渊之中。等待"我爱"的回归吧。可能要等很久，也可能要永远等待。"我爱"去了哪？我变成了什么，又去了哪？
"我爱"在守候另一个人。他把我吞食了？吐出了？
占有了？抛弃了？幽禁了？驱逐了？他现在怎么样？
他再也不拥有我了吗？当他对我说：我爱你，这句话
是对我说的吗？还是他以这种方式对自己说的？他
的？我的？相同的？不同的？但我变成了什么？又
去了哪？

　　当你说"我爱你"——留在这里，靠近你也靠近
我——你说的其实是"我爱我"(je m'aime)。你无需
等待一句回应，我也不必。我不欠你什么，你也不欠
我什么。这句我爱你既不是馈赠，也不是亏欠。你并
没有"给予"我什么，尽管你触碰你，也触碰我：你透过
触碰我来再触碰你自己。你并没有把自己给予他人。
我拿被折叠成一件礼物的你，还有我做什么？你守护
你/我，正如你袒露你/我。你找回你/我，正如你信赖
你/我。我们之间没有这些交替、这些对立、这些选
择、这些市场。除非重复他们的交易，除非停留在他
们的体系内。但那里没有我们的一席之地。

　　我爱你：共享的身体。没有隔阂。不分你我。我

们之间不需要流血，不论在过去还是未来。不需要一道伤疤来提醒我们鲜血的存在。鲜血在我们身上流淌，从我们身上流出。我们很熟悉鲜血。鲜血代表亲近。你浑身鲜红，又如此白皙。是红的也是白的。你不必为了变红而丢掉你的纯白。你不因远离鲜血而纯白。我们身上既白又红，生出了所有色彩：粉、棕、金、绿、蓝……因为这种白色并非假象。也并非死血、黑血。假象是黑色的。它吸收一切，自己封闭起来，为了再造生命。不过是徒劳……红色的白什么都不拿。它收多少就给多少。清清楚楚，但并非自给自足。

清清楚楚，我们也是如此。既非一，也非二。我从来不会计算。你也是。但在他们的计算里，我们是二。真的是二吗？这不会让你想笑吗？一个可笑的二。而非阴性的一。绝非阴性的一。把阳性的一（un）留给他们吧。特权、统治和唯我论属于阳性的一，也属于太阳。他们分配配偶的方式如此奇怪，把他者当成自己的形象。就只是形象罢了。走向他者仍然会是走向自己的幻影的吸引力。（并不算）鲜活的镜子。（镜子/女人）被冰封、沉默。这样才更加真

实。扮演替身、进行模仿的工作令人疲惫不堪,把我
们的生活蚕食殆尽。我们致力于再生产。几个世纪
以来,我们都以他者的身份活在这种同一之中。

但如何换个方式来表达我爱你?我爱你,这个无
关紧要的人。这令我们又屈服于他们的语言。他们
只留下了欠缺和匮乏用来指代我们。他们的反面。
我们应该变成无关紧要的人。这句话已经说了好
多遍。

无关紧要的人,请你保持安静。如果你动了,那
你就会打乱他们的秩序,你会弄翻一切。你会打断他
们的习惯的循环,以及他们的交换、知识和欲望的循
环。他们的世界的循环。无关紧要的人,你不该移
动,也不该激动,除非他们叫你。他们说:"来吧",你
才能上前。一点点。你要呈现他们的形象,不论他们
有没有这个需要。一步,或者两步。不能再多了。既
不要热情奔放,也不要喧哗吵闹。否则,你会打碎一
切。玻璃①。他们的土壤,他们的母亲。那你的生命
呢?你应该假装是从他们那里得来的。一个无关紧

① 亦有"僵局"的意思。——译者注

要的小容器,对他们惟命是从。

所以,我们是无关紧要的。这不会让你想笑吗?至少在听到这句话的那一刻?我们无关紧要?(如果你一直随时随地大笑,那我们就再也不能一起说话了,那我们就又会消失在他们的词语中。所以,重新张开我们的嘴,试着说话吧。)(我们)并非不同(non différentes),确实如此。不过……这太简单了点。这个"并非"(non)把我们再次分开,以便测量我们。我们就这样分离开来,再也没了我"们"。相似?如果非要这么说的话。这有些抽象。我不太理解什么叫"相似"。你能理解吗?在谁看来相似?根据什么?按照什么标准?参考哪个第三方?我触碰你,便可知你就是我的身体。

我爱你:我们不能为了让一个(un)词通行就分开我们的双唇。单独的一个词,表示你,或表示我。抑或是相等。爱人者和被爱者。双唇发声,闭合又张开,从未排斥过他者,彼此相爱。一起。为了创造一个准确的词,它们必须分离。彻底相互分离。让它们相距遥远。一个词横亘在双唇之间。

　　但这个词从何而来？它完全正确，封闭、折叠在意义之中。没有缺口。你。我。你可以笑……不露出裂口。这不再是你，也不再是我。没有双唇，就再也没有我们。词语的统一、真相和属性，就在于它们没有双唇。忘记了双唇。词语一旦被说出口，就会变得沉默无声。词语被紧紧地包裹，这样它们的意义——它们的血——才不会跑掉。就像男人们的孩子那样？不是我们的孩子。而且，我们需要或者想要孩子吗？此时此刻，我们如此亲近。男人和女人通过生孩子来展现他们的亲近和疏远。但我们呢？

　　我爱你，童年。我爱你，你既不是母亲（对不起，我的母亲，我更希望您能作为一个女人存在），也不是姐妹。既不是女儿，也不是儿子。我爱你，你既不是丈夫，也不是妻子。我爱你，我不在乎我们父亲的血统、他们想要再造男人的欲望以及他们的谱系制度。不存在家庭。不存在人物、角色或功能，这都是他们的再生产法则。我爱你：你此时此刻的身体。我/你触碰你/我，这足以让我们感觉到活着。

　　张开你的双唇，但不要轻易张开。我也不会轻易张开。你/我既没有张开，也没有闭合。我们从不轻易分开：一个词无法从我们嘴中发音、产生、说出。在你/我的双唇之间有许多声音、许多言语，总是相互呼应。一个永远都离不开另一个。你/我总是一次创造许多。一个如何统治另一个呢？强加自己的声音、语调、意义？双唇不分彼此，但这并不意味着它们相互混淆。你们对此一无所知？它们也不了解你们。

还是说吧。你的语言不是由一条线、一条链、一片网构成的，这是我们的幸运。你的语言同时来自各个地方。你在同一时间触碰我的整个身体，从四面八方。为什么一次只有一种声音、一种话语、一个文本？为了诱惑、填补、掩盖我身上的一个"洞"？有了你，我就没了洞。那些欠缺和深渊般的巨口期待从他者身上获得供养、圆满、完整。但这不是我们。从我们的双唇上可以看出我们是女人，但这并不意味着耗用、消费、自我填补对我们来说很重要。

吻我。双唇亲吻双唇。我们张开。我们的"世界"。从内到外，从外到内。我们之间没有限制。没有终点。任何一种循环，任何一张嘴都永远无法阻止

我们的交流。在我们之间，房子没有墙壁，空地没有
藩篱，语言没有循环。你吻我：世界大到没有边际。
我们并不满足？没错。如果这意味着我们永不结束。
如果我们的快感来自于永不停歇的移动和激动。永
远在运动之中：张开，永不枯竭，也永不满足。

　　一次性说上许多，我们未被教导也不被允许这么
做。这是错误的言说。我们当然可以（应该?）在提出
某种"真相"时，还接受并保留另一种。反面？补充？
残留？仍被掩盖。是秘密。从里到外，我们不必相
等。这不符合他们的欲望。掩盖和揭示，这不就是他
们感兴趣的事吗？这不就是他们干的事吗？总是重
复着相同的操作。每一次。针对每一个女人。

　　所以为了讨他们欢心，你/我一分为二。但这样
一分为二，一个在内，一个在外，你就再也无法拥吻自
己，也再也无法拥吻我了。在外，你试着去迎合陌生
的秩序。你被驱逐出自身，与面前的一切混为一谈。
你模仿着所有靠近你的事物。你成为了所有触碰你
的事物。你渴望找回自己，却离自己原来越远。也离
我越来越远。模仿一个又一个模型，更换一个又一个
主人，根据你的主宰者来变换外表、形状和语言。你

（我）分离。因为你任由自己被滥用，被人无动于衷地扭曲。你再也回不到无关紧要的状态。你又变得难以识透，变得封闭。

和我说说话吧。你不能？你再也不想了？你想要防备？保持沉默、洁白、童贞？你保留着内在的自我？但若没有外在的自我，内在的自我也将不复存在。不要因为被强加给你的选择就这样自我撕裂。我们之间没有童贞和不童贞的区别。没有把我们变成女人的事件。早在你诞生之前，你就已开始自我触碰，天真无邪。你/我的身体不是因为某项操作才被赋予了性别。也不是因为某种权力、功能或器官的行动。无需介入，也无需特定的操作，你就已经是女人了。无需求助于外界，他者就已经让你感到痛苦、与你如影随形了。不论何时何地，你都是被扭曲的。你破坏了他们对他们的财产的爱，这就是属于你的欲加之罪。

如何才能告诉你，你的享乐中并没有恶，它只是不知善为何物？他们从缺口处剥夺了你，把你封闭起来，在你身上打上所有物的标记，非法闯入，违法犯罪……否则根本不存在过错。他们玩着别的法律游戏。臆测着你的清白,那你呢?如果我们听之任之,那便会让自己被滥用,被毁坏。为了追寻他们的目标,与我们自己渐行渐远。这将会是我们的过错。如果屈服于他们的理性,那我们就成为罪人。他们的算计,不论是否故意,就是要把我们变成罪人。

你回来了,四分五裂:再也没有了"我们"。你分成了红和白,黑和白,我们还如何找回彼此?如何重新触碰彼此?切割、消失、结束:在他们的体系中,我们的享乐被迫停止。在这里,童贞意味着还没有为了他们而被标记。还没有为了他们而被迫成为女人。还没有被打上他们的性别和语言的烙印。还没有被他们穿透或拥有。童贞还意味着像他们所期待的那样保持单纯,离开了他们,就什么都不是,就是一片虚空。童贞,是为了他们将来的交换、贸易和转让,等待他们去探索、消费和剥削。那是他们的欲望源泉。而非我们的。

该怎么说呢?我们从一开始就是女人。我们不需要像这样被他们创造,像这样被他们命名,像这样被他们封神和亵渎。我们早就是女人了，不需要他们费心。他们的历史/故事（histore［s］），就是我们的流放地。这并不是说我们原本拥有自己的领地，而是说他们的故乡、家庭、住所和话语把我们封闭在一个密闭的空间，让我们无法继续移动、继续生存。他们的财产，就是我们的流放。他们的禁闭，就是我们的爱的死亡。他们的词语，就是钳住我们双唇的套索。

如何言说才能远离他们对我们的隔绝、分区控制、构造出的歧视和对立：童贞/失贞、纯洁/淫秽、天真无知/经验丰富……如何才能甩开这些词语，摆脱他们的分类，抛弃他们的命名，生意盎然地从他们的概念中脱身。毫无保留地放弃他们的系统运作所需的无瑕纯白。你很清楚，我们从未结束，我们拥吻彼此的全部。身体的、空间的、时间的一个部分接着一个部分打断我们血液的流淌。我们麻痹、僵住、动弹不得。愈发苍白，甚至是冰凉。

等一下，我的血在回流。从他们的感官上流了回来。我们身上又热了起来。在我们中间，他们的词语被清空，那些毫无血色的死皮。我们的双唇又变得通红。它们移动着，摇动着，它们想要言说。你想要说

话吗？说什么？什么都不说。什么都说。是的，请耐
心点。你会说出一切。从你此时此刻的感受开始说
起。阴性的全体(le toute)即将到来。

但你无法预料、预见或筹划。阴性的全体无法被
投射。被主宰。摇晃着的是我们的全身。不是固定
下来的表面。不是遗留下来的图形、线条或圆点。不
是继续存在的土壤。更不是深渊。对我们而言，深度
并非指万丈深渊。没有坚硬的表层，就不会有悬崖峭
壁。我们的深度就是我们身体的厚度，就是自我触碰
的全体。不分上下、正反、前后、高低。我们远离，我
们遥不可及。我们全混在一起。没有缺口，也没有
断裂。

你/我犹豫着要不要开口，是不是因为害怕说得
不好？但什么是好？什么是坏？符合什么标准才算
说得"好"？什么样的等级结构和从属关系会刁难我
们，破坏我们？更有价值的话语对我们提出了怎样的
要求？竖立[①]，这不是我们的事情：我们在平面上挺
好的。我们有这么多的空间可以共享。对我们而言，

---

　① Érection，亦指勃起。——译者注

天际线永远都在扩张。我们永远开放。我们延伸，不断展开，为了诉说无处不在的我们，甚至是在我们的缺口处，我们有这么多的声音要去创造，多到永远也说不完。我们永远无法走完我们的路程、到达我们的边际，因为我们有如此多的维度。如果你想说得"好"，那你便会在向上的过程中收缩，变紧。你向上伸展，变得越来越高，远离了你身体的无限。不要竖立，否则你会离我们而去。天空不在高处，而是在我们之间。

　　你不要纠结"正确"这个词。因为这根本不存在。我们的双唇之间没有真理。一切都可以存在。一切都值得被交换，不存在特权，也不存在拒绝。交换？一切都可以交换，但不是交易。在我们之间，没有卖家，也没有买家，没有可以确定的物品，也没有价格。我们的身体被我们共同的享乐所滋养。我们的丰盛无穷无尽：不知匮乏，也不知富余。我们舍弃了一切，毫无保留，绝不独揽。我们的交换没有终点。该怎么说呢？我们所知的语言是如此局限……

　　你对我说，为什么要说话呢？我们在相同的时间感受着相同的事物。我的双手、我的双眼、我的嘴巴、我的双唇、我的身体难道还不能让你满足吗？它们对你说的话还不够多吗？我会回答：足够了。但这未免太简单了，说得太多，反而让你/我们无法安心。

如果我们没有创造出一门语言，如果我们没有找到我们身体的语言，那我们的身体动作将会少到无法匹配我们的历史。我们会厌倦同样的事物，任由我们的欲望沉寂潜伏、悬而未决。我们再次沉睡、无法满足。我们又回归到男人的词语。他们一向无所不知，但他们不知道我们的身体。我们被自己的变化诱惑、吸引、迷惑、沉醉，便一直停留在麻痹的状态。移动不得。我们固定了下来，但我们生来就是为了不断变化的。无需跳起，也无需坠落。亦无需重复。

继续，沉住气。你今天的身体和昨天的并不相同。你的身体记得，不需要你去记忆。不需要把昨天保留、计入、积蓄在你的脑子里。你的记忆？你的身体在它今天想要的东西中诉说着昨日。如果你想着：昨天，"我曾是……"；明天，"我会是……"，那你其实是在想：我又离死近了一些。是"你该是……"，不要纠结"你本该是……"或"你可以是……"。永远不要固定。把"决定"（décisif）留给"未定"（indéci），我们从

来不需要已确定（définitif）。此时此地，我们的身体
给予了我们另一种截然不同的确定性。对于那些远
离了自己的身体以致于将其遗忘的人来说，真相才必
不可少。但他们的"真相"把我们固定，变成雕像，除
非我们能从中脱身，除非此时此刻我们能试着讲述自
己的身心之动，从而摆脱其力量。

　　你移动着。你从不保持静态。你从不停留。你
从不存在。如何讲述你？你总是不同。如何言说你？
你总在流体之中，从未凝固、冰封。如何让这股水流
在词语间穿行？答案是多元。抛弃原因、意义和简单
的性质。多元但不可分。这些运动无法被描述为从
起点到终点的过程。这些江川没有汇聚到唯一且确
定的大海。这些溪流没有固定的河床。这具身体没
有既定的边界。这种流动性没有尽头。这一生。这
些所谓的我们的躁动、我们的疯狂、我们的伪装或我
们的谎言。所有这一切，对于声称建立在固体之上的
事物来说，总是很陌生。

　　还是说吧。在我们之间，"坚硬"（dur）无处遁形。
我们如此了解自己的身体轮廓，所以才爱流动性。我

们的质地无须锋利，也无须坚硬。我们的欲望并非通向死亡。

　　但当我们远离彼此时，如何才能避免死亡？这是我们的危机。若你我相隔甚远，无法靠近，如何才能等到你的归来？若此时此地，仍然可感的事物无法唤起对我们身体碰触的回忆。我们向我们之间永无止境的分离开放，又困于无从触摸的缺失，如何才能继续生活？我们不要再一次消失在他们的语言中，被悲伤吞噬。为了即便远隔万里也能相互拥吻，我们要学着言说。或许，当我触碰自己时，便会想起你。但说过了这么多词语，都是在说我们，我们因此分离。

　　快点创造我们的句子吧。好让我们不论何时何地都不会停止相拥，我们是如此精妙，以至于任何阻碍都无法将我们阻挡，任何事物都无法反对我们相聚，一瞬也不能够。只要我们能够找到传递我们的质地的方式。我们穿越一切来找回彼此，悄无声息，毫发无损。没有被任何人看到。我们的力量就是我们微弱的抵抗。他们一直知道我们的柔软对他们的束缚和烙印而言意味着什么。为什么我们不自己享用它呢？不要屈服于他们的标记，不要让自己变得固定、稳定、不动。要分离。

别哭了。有朝一日，我们一定能够诉说自身。我们说出的话一定比我们的眼泪还要美。酣畅淋漓。

我早就已经带着你四处游走了。你对我而言并非孩子、累赘或负担。尽管我爱你，我珍惜你，但你并非在我之内（en moi）。我既不包含你，也没有把你约束在我的肚子、我的双臂、我的头，或者是我的记忆、我的精神、我的语言里。你就在那儿，犹如我肌肤的生命。存在的确凿性无关于任何表象、伪装或命名。你便是我生命的保障，因为你重复着我的生命。但这并不意味着你的生命属于我或依赖于我。你活着，让我感到自己也活着。但你并非我的复制品或模仿者。

如何换个方式来表达我们只能以二的形式存在？我们以二的形式存在，无关幻想或意象，抑或是镜映。在我们之间，并非一个是"真实"，另一个是其复制品；一个是原型，另一个是其映像。尽管我们在他们的体系中被完美模拟，但我们无需模拟便可相互联系。我们的相似并非表面相像，同一已在我们体内。触碰你自己，触碰我，你便会"看见"。

不需要为了"被复制"而给自己设计第二个镜面形象。第二次重复我们。我们无需经过任何再现就已经是二了。你的血液为你创造了阴性的二，我的身体让你想起这些充满活力的阴性的二，就让这些阴性的二相互靠近吧。只要你不冻结在再生产之中，那你总会带着最初的动人之美。只要你不以任何形式返回，那你总会动人如初。

没有典型，没有标准，也没有范例。我们永远都不要给自己下指令、要求或禁令。我们的命令只是为了让我们移动：一起移动。我们永远不要给自己制定法律和道德。不要引发战争。我们不掌握道理。也没有批评你/我的权力。如果你/我做出评判，那我们将不复存在。我爱你、爱我、爱我们的地方也将不复存在：诞生永远都无法实现，身体永远都无法一次生成，样貌永远都无法最终成形，面孔总是有待塑造。双唇永远不会为了一个真相就张开或闭合。

对于我们而言，光并不暴力。也不致命。对于我

们而言，太阳并非简单地升起落下。日夜混合在我们
的眼中、我们的姿态中、我们的身体中。严格来说，我
们没有阴影。在我们之间，我们都不会有变成暗淡的
复制品的危机。我想要待在夜里，在你身上触碰我的
黑夜。温和的光亮。千万不要认为我爱的是像灯塔
一样耀眼的、高傲地统治着你身边的事物的你。划分
日夜，就是否认我们的结合的轻盈。就是硬化让我们
一直构成整体的异质。就是用密闭的隔板把我们分
开，把我们分成好几部分，把我们切分成二，或者更
多。然而，我们总是既是阴性的一，又是她者。我们
不能这样彼此区别开来。阴性的一切(toute[s])都在
不停地诞生。除了我们移动着的身体的局限和边界
外，再无其他局限或边界。

只有一只手表的局限效应才会让我们停止相互
言说。不要担心。我-继续。在所有人为的时空限制
之下，我不停地拥吻你。其他人为了分开我们，把我
们当做物神(fétiche)，这是他们的事。我们不要被这
些借用困住。

我之所以一直坚持使用否定式：不(pas)，也不

(ni),没有(sans)……这是为了提醒你,提醒我们,我们只有赤身裸体才能相互触碰。并且,为了能找回彼此,我们还要褪去很多东西。这么多的再现和这么多的表象让我们远离对方。长期以来,他们总是根据他们的欲望来包裹我们。我们总是被装扮成他们喜欢的样子,以至于我们都忘记了自己的皮肤。在我们的皮肤之外,我们仍会彼此分离。你和我,相隔两地。

你?我?已经说得太多了。我们之间被切断得太厉害了:阴性的一切。